我轰鸣声响世界
钢铁意志铸灵魂

德国队

流年 编著

典藏版

直笔体育百科系列

北京时代华文书局

目 录

荣耀时刻   1
巨星榜   11
篇首语   45

第一章 历史的溯源   51
    当足球来到德国   52
    混乱不堪的时代   55

第二章 奇迹诞生之地   61
    "伯尔尼奇迹"载史册   62
    走在崛起的道路上   66
    新德国足球领军人   71

第三章 第一黄金时代   75
    德国足球欧洲之巅   76
    "足球皇帝"世界之巅   80
    荣耀之后低谷来临   84
    知耻后勇再攀高峰   88

第四章 第二黄金时代   91
    顶级豪门决赛常客   92
    王者归来新决策者   95
    痛定思痛终将爆发   98
    王者之师荣誉巅峰   102
    德国足球正式归来   106
    又是来到低谷边缘   110

第五章　在低谷中前行	**113**
暴风雨前夜的冠军	114
前所未有的失败者	116
泥泞前行中的惊喜	121
本土作战复苏开始	125
第六章　第三黄金时代	**131**
新的时代新掌舵者	132
四星荣耀正式诞生	138
存在想象中的王朝	142
时代终结重新起航	146
第七章　战车永不停歇	**151**
周转期又一个低谷	152
复苏之路任重道远	154
经典瞬间	157
星光璀璨	179
最佳阵容	198
历任主帅及战绩	199
历届大赛成绩	200
历史出场榜	202
历史进球榜	203

荣耀时刻

🏐 2014年国际足联世界杯（简称"世界杯"）决赛，德国队以1：0战胜阿根廷队，马里奥·格策在加时赛中攻入制胜球，德国队历史上第四次荣膺世界杯冠军。

德国队决赛出场阵容（"433"阵形）：

门将：1-曼努埃尔·诺伊尔

后卫：4-贝内迪克特·赫韦德斯、20-热罗姆·博阿滕、5-马茨·胡梅尔斯、16-菲利普·拉姆

中场：18-托尼·克罗斯、7-巴斯蒂安·施魏因施泰格、23-克里斯托夫·克拉默（9-安德烈·许尔勒，32′）

前锋：8-梅苏特·厄齐尔（17-佩尔·默特萨克，120′）、11-米洛斯拉夫·克洛泽（19-马里奥·格策，88′）、13-托马斯·穆勒

2

⚽ 1990年世界杯决赛，联邦德国队以1∶0战胜阿根廷队，安德烈亚斯·布雷默在第85分钟点射破门，德国队第三次捧起世界杯冠军奖杯。

联邦德国队决赛出场阵容（"532"阵形）：

门将：1-博多·伊尔格纳

后卫：3-安德烈亚斯·布雷默、4-于尔根·科勒尔、5-克劳斯·奥根塔勒、6-吉多·布赫瓦尔德、14-托马斯·贝特霍尔德（2-斯特凡·罗伊特，73′）

中场：7-皮埃尔·利特巴尔斯基、10-洛塔尔·马特乌斯、8-托马斯·哈斯勒

前锋：18-尤尔根·克林斯曼、9-鲁迪·沃勒尔

4

⚽ 1974年世界杯决赛，联邦德国队以2∶1逆转战胜荷兰队，球队历史第二次夺得世界杯冠军。盖德·穆勒在上半场结束前破门得手，为联邦德国队反超比分。

联邦德国队决赛出场阵容（"433"阵形）：

门将：1-塞普·迈耶

后卫：3-保罗·布莱特纳、4-汉斯-格奥尔格·施瓦岑贝克、5-弗朗茨·贝肯鲍尔、2-贝尔蒂·福格茨

中场：12-沃尔夫冈·奥弗拉特、14-乌利·赫内斯、16-莱纳·邦霍夫

前锋：17-贝恩德·赫尔岑拜因、13-盖德·穆勒、9-尤尔根·格拉波夫斯基

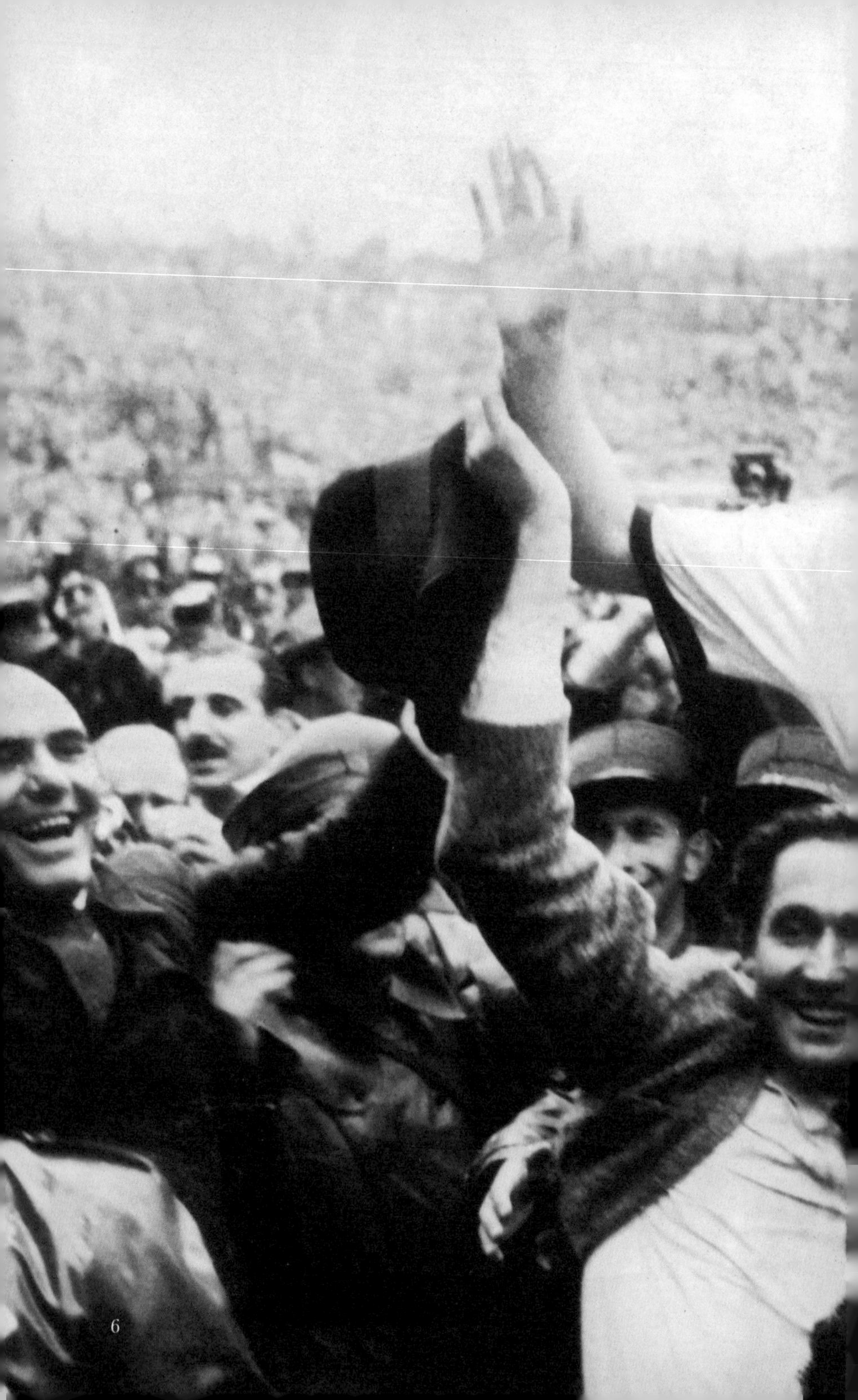

⚽ 1954年世界杯决赛,联邦德国队上演"伯尔尼奇迹"。联邦德国队在0∶2落后的情况下连追3球,最终以3∶2逆转战胜匈牙利队,球队历史首夺世界杯冠军。

联邦德国队决赛出场阵容("3421"阵形):

门将:1-托尼·图雷克

后卫:7-约瑟夫·波西帕尔、10-维尔纳·利布里希、3-维尔纳·科尔迈耶

防守型后场:20-汉斯·舍费尔、6-霍斯特·埃克尔、8-卡尔·麦、12-赫尔穆特·拉恩

进攻型前场:13-马克斯·莫洛克、16-弗里茨·瓦尔特

中锋:15-奥特马尔·瓦尔特

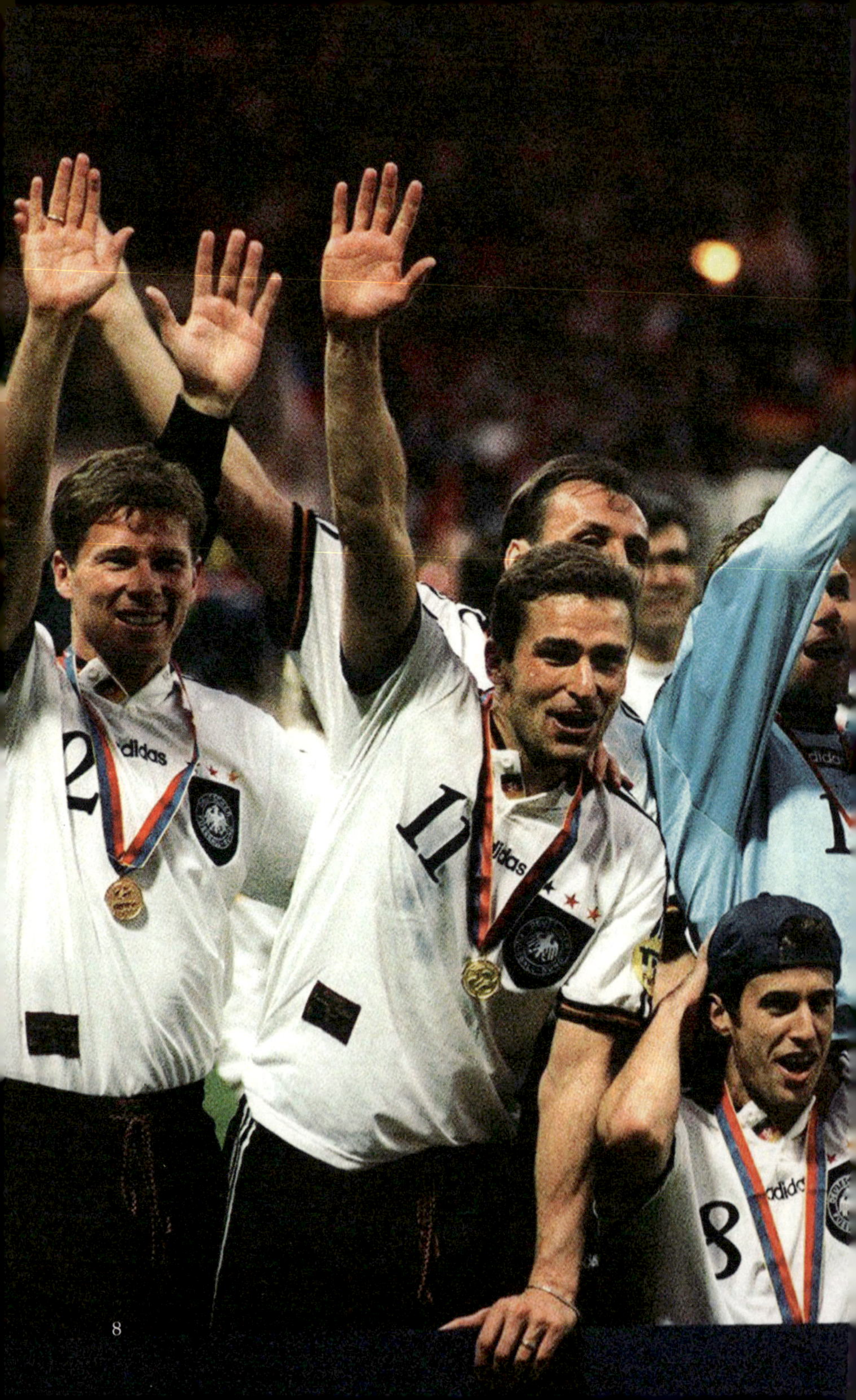

1996年欧洲足球锦标赛（简称"欧洲杯"）决赛，德国队对阵东道主英格兰队。奥利弗·比埃尔霍夫替补登场后先是为德国队扳平比分，随后又在加时赛中打入"金球"，帮助德国队2∶1击败英格兰队，第三次夺得欧洲杯冠军。

德国队决赛出场阵容（"352"阵形）：

门将：1-安德烈亚斯·科普克

后卫：14-马库斯·巴贝尔、6-马蒂亚斯·萨默尔、5-托马斯·海尔默

中场：17-克里斯蒂安·齐格、10-托马斯·哈斯勒、21-迪特·埃尔茨（3-马尔科·博德，46′）、8-梅赫梅特·绍尔（20-奥利弗·比埃尔霍夫，69′）、19-托马斯·施特伦茨

前锋：18-尤尔根·克林斯曼、11-斯特凡·昆茨

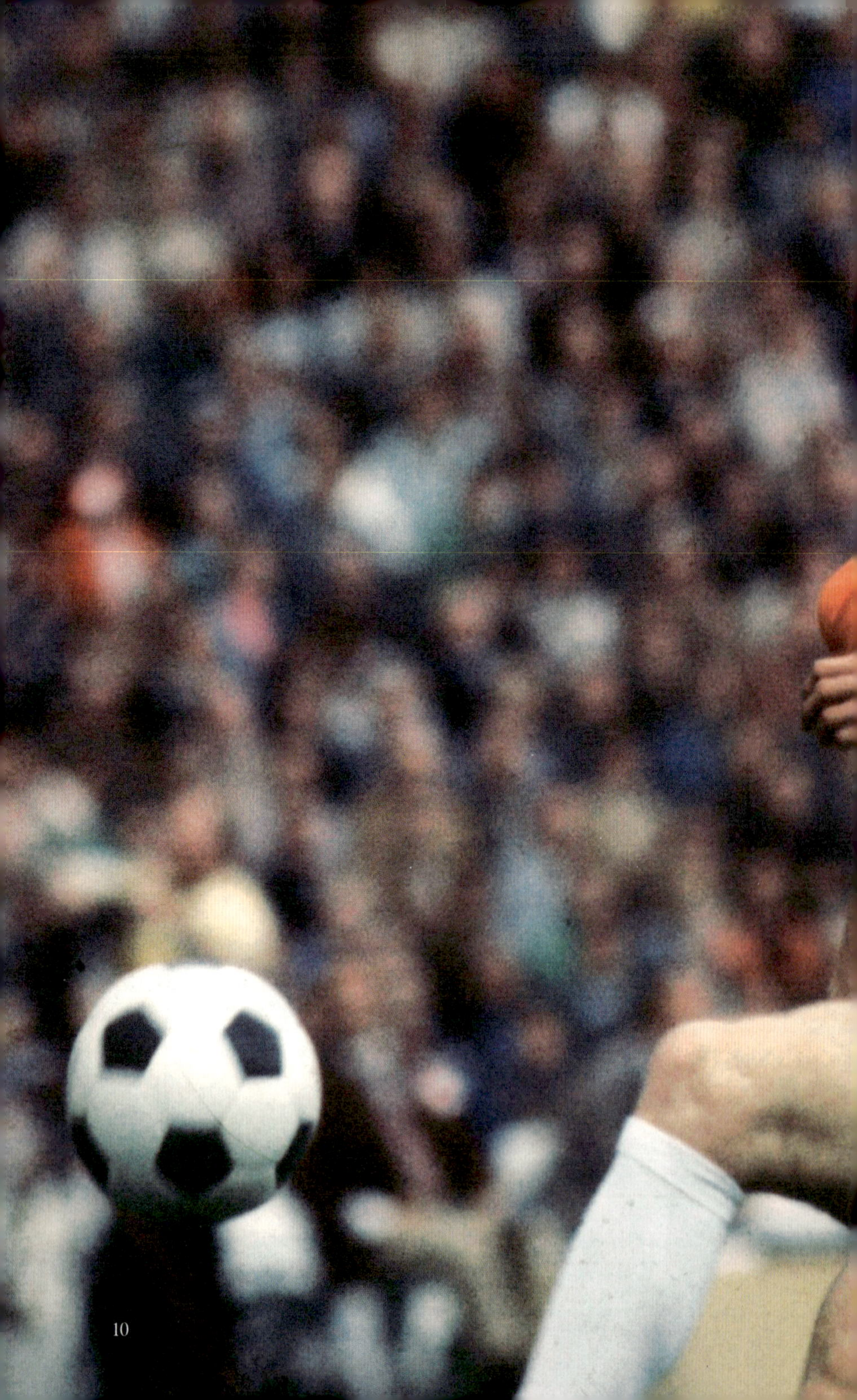

巨星榜

姓名：弗朗茨·贝肯鲍尔

出生日期：1945年9月11日

主要球衣号码：4号、5号

国家队数据：103场14球

个人荣誉：2次金球奖

"足球皇帝"

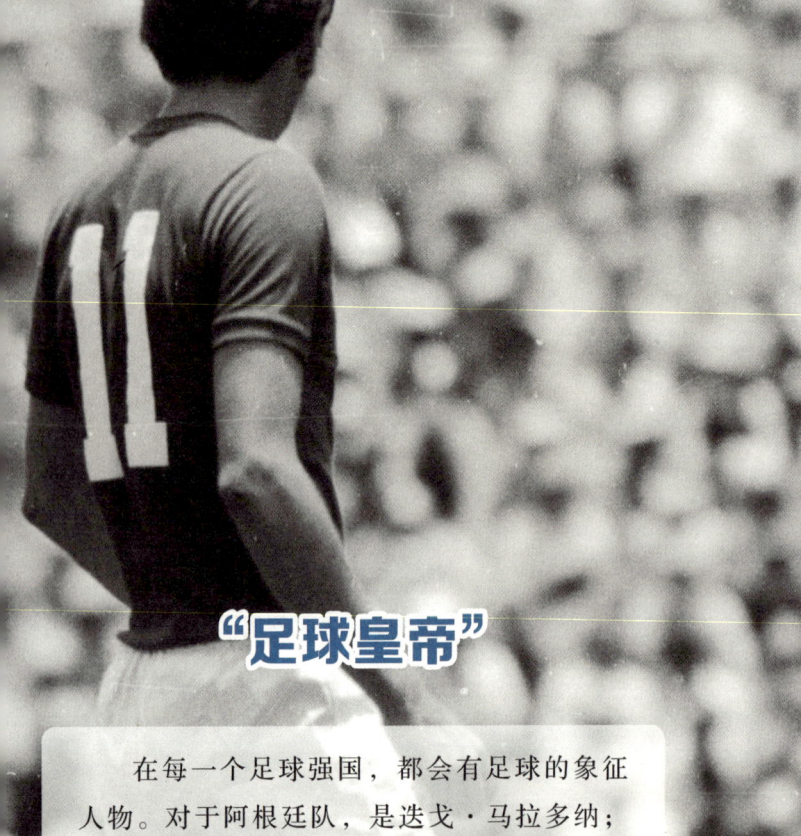

在每一个足球强国，都会有足球的象征人物。对于阿根廷队，是迭戈·马拉多纳；对于巴西队，是贝利；对于意大利队，是罗伯托·巴乔；对于葡萄牙队，是克里斯蒂亚诺·罗纳尔多……而对于德国队，那便是弗朗茨·贝肯鲍尔，球迷心中永远的"足球皇帝"。

1964年，贝肯鲍尔升入拜仁慕尼黑队（简称"拜仁队"）的一线队，当时他还是一名边锋，但在主教练的改造下，贝肯鲍尔来到了一个全新的位置上——"自由人"。在此之前，"自由人"这一角色已有雏形，但很难找到合适的人选，直至能力极其全面的贝肯鲍尔

13

的出现，让这一位置拥有了无限的魅力。在球场上，贝肯鲍尔是唯一自由游走的角色，球队需要防守，他就在防守端查缺补漏；需要进攻，他便带球前插，给予对方致命一击。凭借这样全面而出色的表现，拜仁队迅速蓬勃发展起来，达到了可以触及欧洲冠军俱乐部杯（欧洲冠军联赛前身，统一简称"欧冠"）冠军的高度，但受益更多的还是联邦德国队。

经过了1966年和1970年世界杯的磨炼之后，联邦德国队在1972年欧洲杯表现出色，贝肯鲍尔也向全世界展示了"自由人"的强大实力，联邦德国队斩获冠军。趁此东风，联邦德国队再接再厉，贝肯鲍尔率领联邦德国队在1974年世界杯强势出击，球队一路之上击败多个强敌，最终在决赛战胜当时不可一世的荷兰队，成功举起了世界杯冠军奖杯。在那届世界杯上，贝肯鲍尔一度承担起了主教练的职责，并充分展现了自己的领导才华。于是在退役之后，贝肯鲍尔在教练岗位也颇有建树。他执教的联邦德国队在1990年世界杯展现了强者风范，连胜强敌，夺得了冠军。贝肯鲍尔就此成为足坛历史上第二位分别以球员和主教练身份都夺得过世界杯冠军的人物。

贝肯鲍尔如此强大的能力，早已不是冠军和荣誉所能诠释的。贝肯鲍尔的名字将永远镌刻在足球史册中，他以其独特的才华和对足球的热爱，成为全世界球迷心中的永恒偶像。

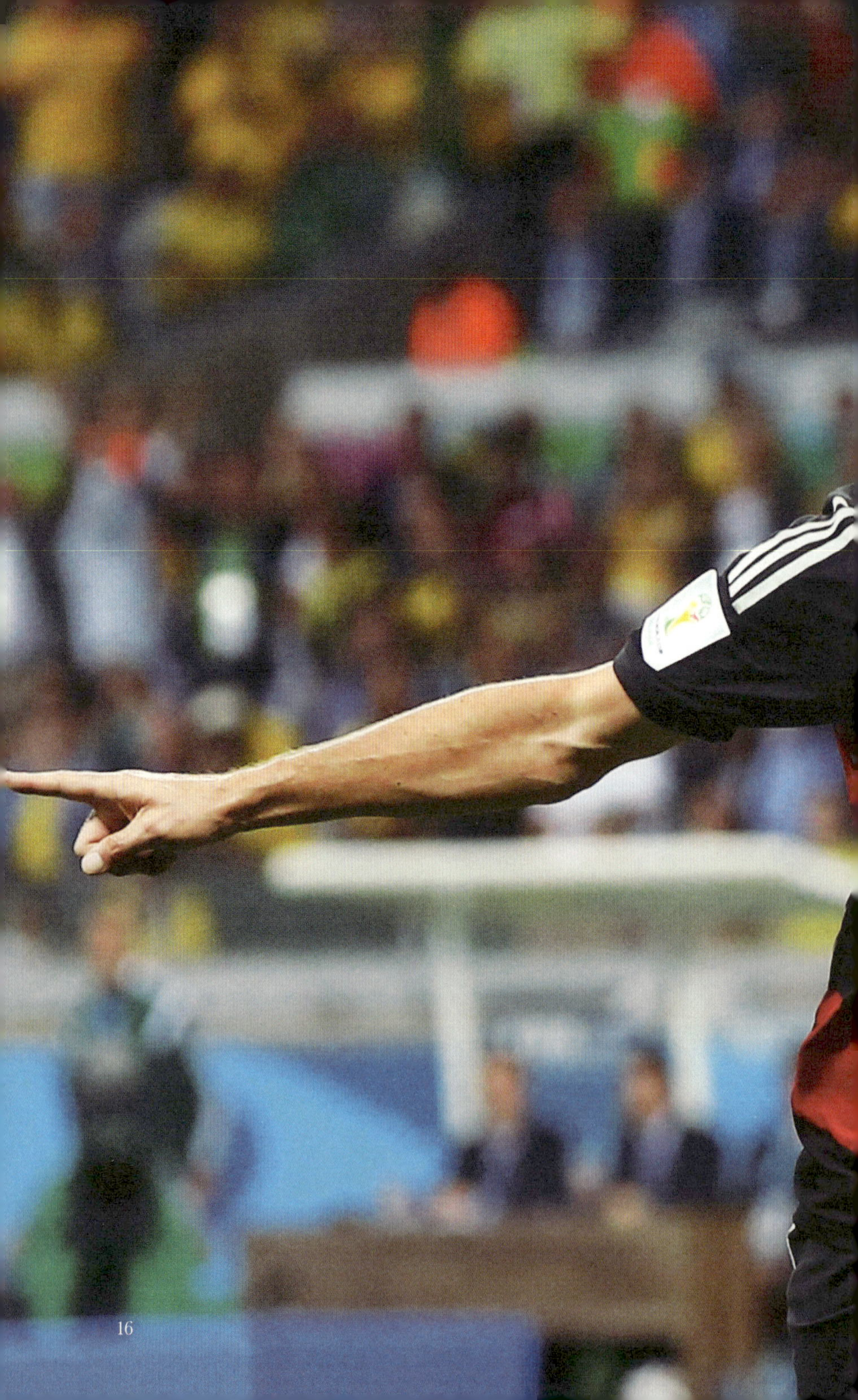

姓名：米洛斯拉夫·克洛泽

出生日期：1978年6月9日

主要球衣号码：18号、16号、13号、11号

国家队数据：137场71球

"K神"

如果去网上搜索"为什么德国队近年来进攻不行"这类的相关问题，很多答案都会把原因归结到球队失去了克洛泽。在很多人看来，克洛泽在夺得2014年世界杯冠军之后选择退役，德国队从此暴露了自己在前锋位置上青黄不接的尴尬局面，这便是德国队从此之后再无冠军入账，甚至屡遭打击的根本原因。无论这个原因是否正确，这都说明了一件事情，至少在球迷的心中，克洛泽非常重要。

19

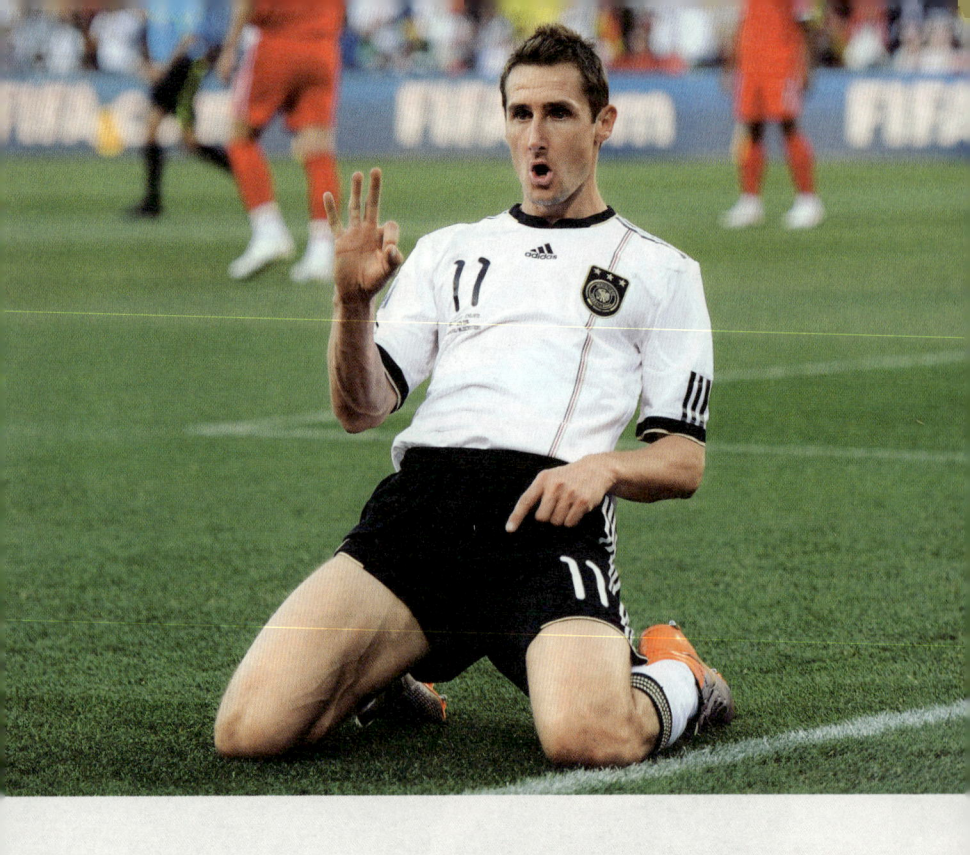

实际上，年轻时的克洛泽并不亮眼，远没有25岁之后那样受人关注，他是一位典型的大器晚成的球员。虽然克洛泽在不到23岁时就入选了德国队，还在2002年世界杯上演了帽子戏法，但在2007年之前，他都在德国足球甲级联赛（简称"德甲"）的中小球队辗转。那段时间，是克洛泽职业生涯开始蜕变的时候。2006年世界杯，克洛泽已经成为德国队的主力前锋。在本土举办的世界杯上，德国队表现出色，一路闯进半决赛，打进5球的克洛泽是球队最大的功臣，他也成为第一位能够在连续两届世界杯中都攻入5球的球员。

2010年世界杯，克洛泽的表现依然出色，打进4球的他在三届世界杯上的总进球数增加到14球，超越了贝利、朱斯特·方

丹和盖德·穆勒的世界杯总进球数，仅比罗纳尔多保持的15球的世界杯总进球纪录少1球。4年后，克洛泽将在巴西的国土改写这一纪录。2014年世界杯，36岁的克洛泽第四次出征世界杯。小组赛阶段，他打进了第15球；在对阵巴西队的半决赛上，克洛泽打进了第16球，超越罗纳尔多的纪录的同时，德国队也以7：1的大比分战胜巴西队，闯入了决赛，冠军已经近在眼前。

决赛场上，德国队战胜阿根廷队，克洛泽这位四届世界杯的元老也终于实现了自己的梦想。他从来不是罗纳尔多这样才华横溢、脚下生花的天才球员，但克洛泽用自己的勤劳和努力证明了他这样的球员也可以书写历史、创造奇迹。世界杯总进球数16球的纪录，让克洛泽可以与那些最伟大的名字比肩，而这一切都是他应得的。

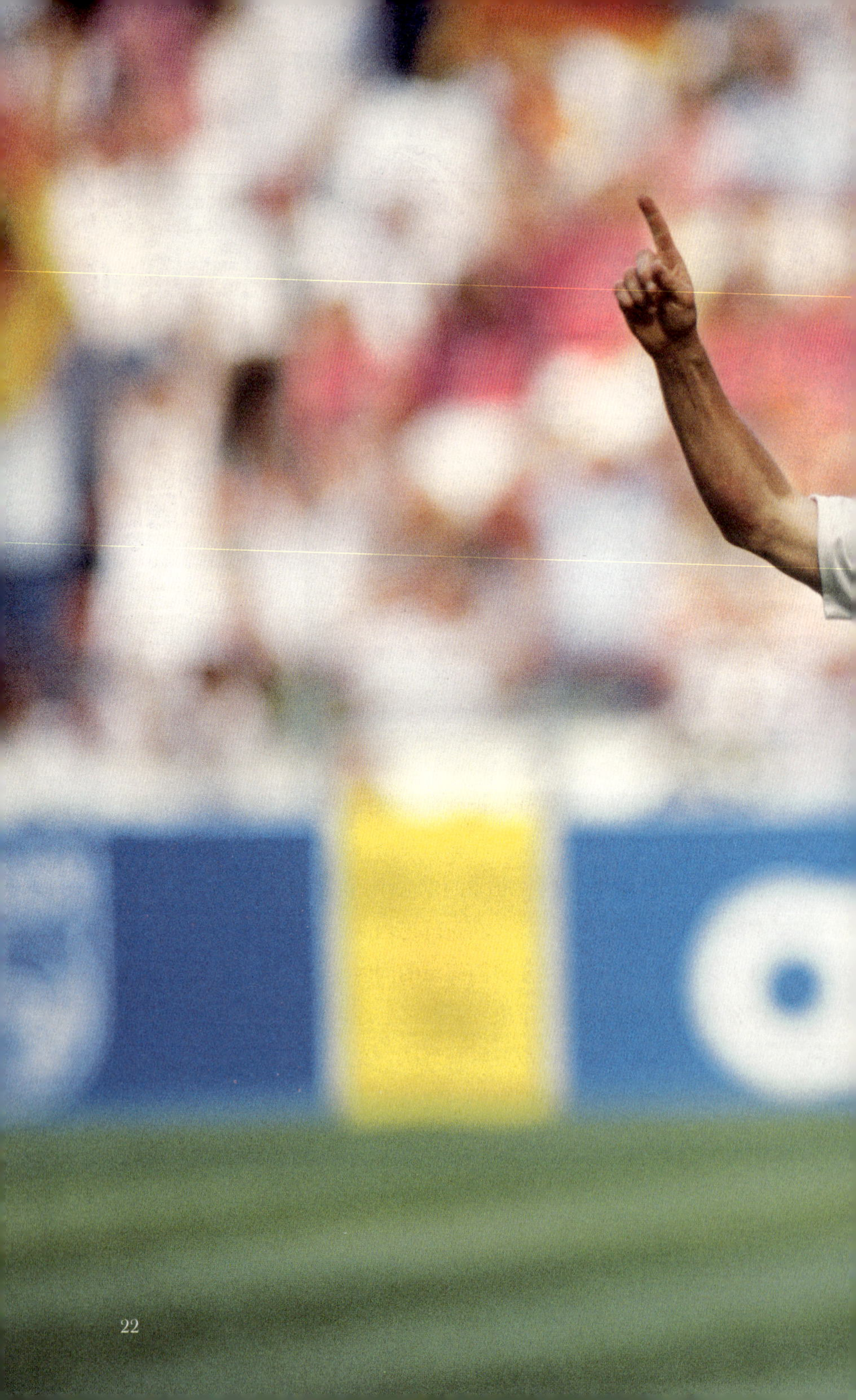

姓名：洛塔尔·马特乌斯

出生日期：1961年3月21日

主要球衣号码：18号、13号、8号、10号

国家队数据：150场23球

个人荣誉：1次金球奖、1次世界足球先生

最后一个"自由人"

1970年的夏天,联邦德国队没能在墨西哥世界杯夺得冠军,贝肯鲍尔带伤作战大大影响了联邦德国队的表现,但恰恰是这种悲情时刻的底色,最能吸引球迷。当时,年仅9岁的马特乌斯成为贝肯鲍尔的球迷。

经过十年的锻炼,马特乌斯终于开始了自己的职业生涯。虽然不及偶像那般优雅,但马特乌斯也有自己的特点:防守强硬、对抗出色、传球精准、视野开阔。最重要的是,马特乌斯的体能尤其出众,总能出现在球场上的各个位置,他还有一脚势大力沉的远射,时刻准备考验对方的球门。一切的一切都注定了马特乌斯也将像他的偶像一样,成为一名"自由人"。在职业生涯初期,马特乌斯就展现出了过人的天赋,在1984年,一连串的好事砸在了马特乌斯的头上:他先是被拜仁队收至麾下,随后贝肯鲍尔接过了联邦德国队的帅印。登陆豪门俱乐部,最能理解"自由人"精髓的主帅执掌国家队,马特乌斯的前路变得无比光明。事实也正是如此,加盟拜仁队的马特乌斯帮助球队连续三个赛季夺得德甲冠军,从而得到了前往意大利踢球的机会;在国家队,马特乌斯帮助联邦德国队闯进1986年世界杯决赛,只可惜输给了马拉多纳率领的阿根廷队。

在意大利足坛,马特乌斯的表现依然出色,在国家队的舞台上,马特乌斯和联邦德国队的好运也在1990年世界杯彻底释放。作为队长,马特乌斯在小组赛阶段就打进3球,进入淘汰赛,马特

25

乌斯更是发挥了定海神针的作用，一路保障联邦德国队进军决赛。这一次，联邦德国队的对手还是阿根廷队，但马特乌斯和队友成功限制了马拉多纳的发挥，从而战胜了阿根廷队，捧起了冠军奖杯。

凭借自己优异的表现，马特乌斯也在这一年获得了金球奖，来到了职业生涯的巅峰。此后的马特乌斯回到德国赛场，也在此后两届世界杯中登场比赛，成为在世界杯中出场次数最多的德国队球员。然而随着马特乌斯的年龄渐长，"自由人"也随之消亡，都成为历史的一部分。2000年欧洲杯，马特乌斯以39岁的"高龄"出场比赛，向世人最后一次展示了"自由人"的模样，但德国队的战绩并不出色，他也就此成为国际赛场上的最后一个"自由人"。

27

28

姓名：卡尔-海茵茨·鲁梅尼格

出生日期：1955年9月25日

主要球衣号码：8号、11号

国家队数据：95场45球

个人荣誉：2次金球奖

运气欠佳的前场核心

　　1980年欧洲杯，联邦德国队终于用一座冠军奖杯宣告了自己的回归。在贝肯鲍尔退役之后，联邦德国队陷入了群龙无首的状态当中，虽然球员实力依然在线，但却少了一位主心骨，这让这支球队在1978年世界杯决赛中表现不佳。所以，对于当时的联邦德国队来说，寻找下一位核心球员是重中之重，这一重任最终被交到了鲁梅尼格的手中。

　　和贝肯鲍尔相比，鲁梅尼格没有前辈那么全面的实力，但单论在进攻端的表现，鲁梅尼格的实力还是相当可观。1980年欧洲杯，虽然鲁梅尼格只打进1球，但他在前场的串联是联邦德国队打出自身标志性进攻的重要原因。拥有了这样一位优秀的球员，联邦德国队复兴有望。然而在1982年和1986年世界杯上，鲁梅尼格两次坐镇阵中，帮助联邦德国队在半决赛击败了普拉蒂尼率领的法国队；然而在两场决赛里，联邦德国队分别输给了意大利队和阿根廷队，最终只能接受亚军的结果。

　　和德国足球历史上的其他功勋相比，鲁梅尼格的一座欧洲杯冠军奖杯着实有些寒酸。不过在退役之后，鲁梅尼格仍然在管理岗位上发挥了自己面面俱到的能力。在他的悉心打造之下，拜仁队很快就成为欧洲赛场上数一数二的豪门球队，作为一名足球领袖和管理者，鲁梅尼格在推动拜仁队成为足球强队的过程中发挥了关键作用。

31

32

姓名：尤尔根·克林斯曼

出生日期：1964年7月30日

主要球衣号码：16号、11号、9号、18号

国家队数据：108场47球

"金色轰炸机"

　　1990年世界杯小组赛，联邦德国队面对南斯拉夫队。比赛来到第39分钟，克林斯曼接到队友的传中，俯身头球冲顶，在克林斯曼的金发飘舞之间，球已经蹿入网中。这个进球，就是对克林斯曼"金色轰炸机"这个绰号的最完美诠释。当时的克林斯曼还不满26岁，一头金发让他在场上尤为醒目，他的身体机能也正当时，可以在争顶对抗中轻松地将队友的传中球化为最终的进球，就像轰炸机一般，能够给予对手最大的威慑。

　　1994年世界杯，经验更为丰富的克林斯曼迎来自己个人状态最好的时候。克林斯曼在5场比赛里打进5球，对阵韩国队时的转身射门更是技惊四座。令人遗憾的是，虽然克林斯曼状态正佳，但马特乌斯、布雷默等人的表现不如四年前出色，德国队最终被保加利亚队淘汰，克林斯曼也流下了伤心的泪水。

　　虽然没能卫冕世界杯冠军，但在1996年欧洲杯，克林斯曼帮助德国队夺得了冠军，这在一定程度上弥补了1994年的遗憾。到了1998年世界杯，克林斯曼又有3球入账，这让他在世界杯的总进球数达到了11球。

　　退役之后，克林斯曼转型为教练。2006年世界杯，他带领德国队晋级四强，为信心不足的德国队鼓足了干劲，这也为德国队此后的重新崛起奠定了基础。

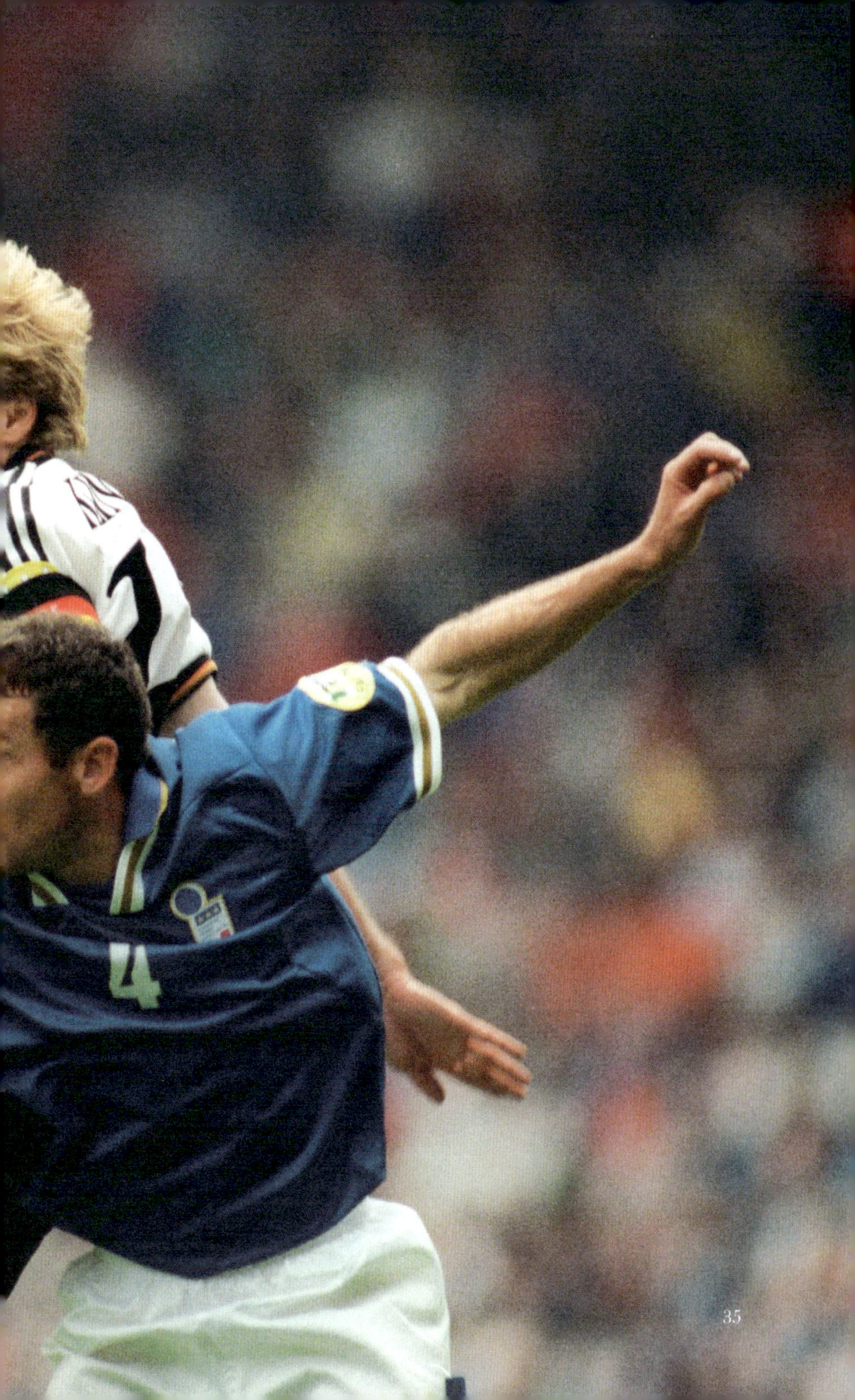
4

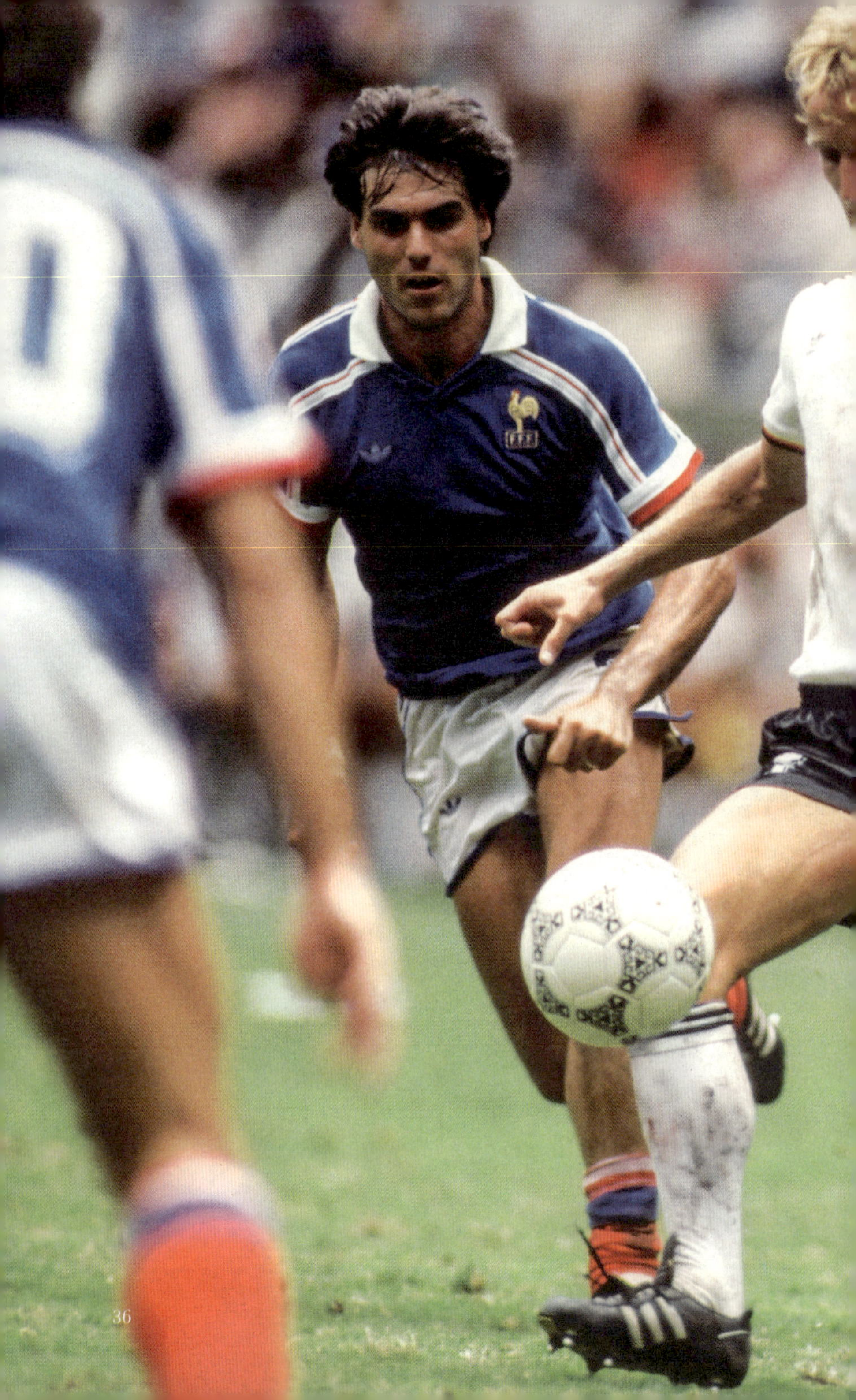

姓名：安德烈亚斯·布雷默

出生日期：1960年11月9日

主要球衣号码：7号、2号、3号

国家队数据：86场8球

最强左后卫

　　1990年世界杯,联邦德国队夺得冠军。外界难免会将焦点放在身为前锋的克林斯曼和能力全面的马特乌斯的身上,但布雷默的功劳无法被轻易忽略。联邦德国队从小组赛晋级之后,在淘汰赛又相继战胜了荷兰队、捷克斯洛伐克队和英格兰队,在这三场比赛中,布雷默打进两球,是联邦德国队进入决赛的最大功臣。在决赛中,联邦德国队对阵四年前的老对手阿根廷队,当点球机会摆在面前时,连马特乌斯也被压力震慑,但布雷默担起了这一职责,面对被称为"点球门神"的阿根廷门将塞尔希奥·戈伊科切亚,布雷默冷静地将球打入死角,破门得分。

联邦德国队正是凭借这个进球,捧起了1990年世界杯冠军奖杯。虽然布雷默和马特乌斯、克林斯曼一起被称为"德国三驾马车",但和前两人相比,布雷默的光芒始终无法相提并论。这一点和布雷默的位置有关,与克林斯曼和马特乌斯相比,布雷默需要承担更多的防守职责,但在做好本职工作的基础上,布雷默的长传和定位球能力相当出色,他在关键时刻的沉着冷静也是令人钦佩的特点之一。

可惜的是,这位德国队的最强左后卫在63岁时早早离世,但布雷默在1990年世界杯中的表现会永远在历史中闪闪发光。

40

姓名：盖德·穆勒

出生日期：1945年11月3日

主要球衣号码：9号、13号

国家队数据：62场68球

个人荣誉：1次金球奖

传奇射手

　　1970年世界杯，联邦德国队未能夺得冠军，但在日臻成熟的贝肯鲍尔之外，全世界球迷也领略到了另一位联邦德国队球员的强大实力，这位球员就是盖德·穆勒。在6场比赛里，盖德·穆勒攻入了10球，在对阵保加利亚队和秘鲁队的这两场比赛里，盖德·穆勒连场上演帽子戏法，让全世界球迷都看到了他火热的表现。

　　可惜的是，拥有如此强悍射手的联邦德国队在半决赛以3∶4的比分输给了意大利队，在联邦德国队打入的3球里，有盖德·穆勒的2球，但孱弱的防守成为联邦德国队失利的主要原因。

　　盖德·穆勒的进球能力早在俱乐部赛场就已经得到了充分的体现。他为拜仁队出战的611场比赛里打进了568球，在长达10余年的时间里，盖德·穆勒几乎在所参与的每一项赛事里都是最佳射手。这样的表现，为拜仁队赢得了4次德甲冠军和3次欧冠冠军。

　　在1972年欧洲杯和1974年世界杯中，联邦德国队也因此受益。1972年欧洲杯，盖德·穆勒打进4球；1974年世界杯，盖德·穆勒同样打入4球，而且还在决赛中攻入逆转比分的一球，他的重要性依然不减当年。2021年8月15日，盖德·穆勒去世，享年75岁。为了表彰他对足球事业的贡献，评选金球奖的《法国足球》杂志将年度最佳前锋奖改名为盖德·穆勒奖。

43

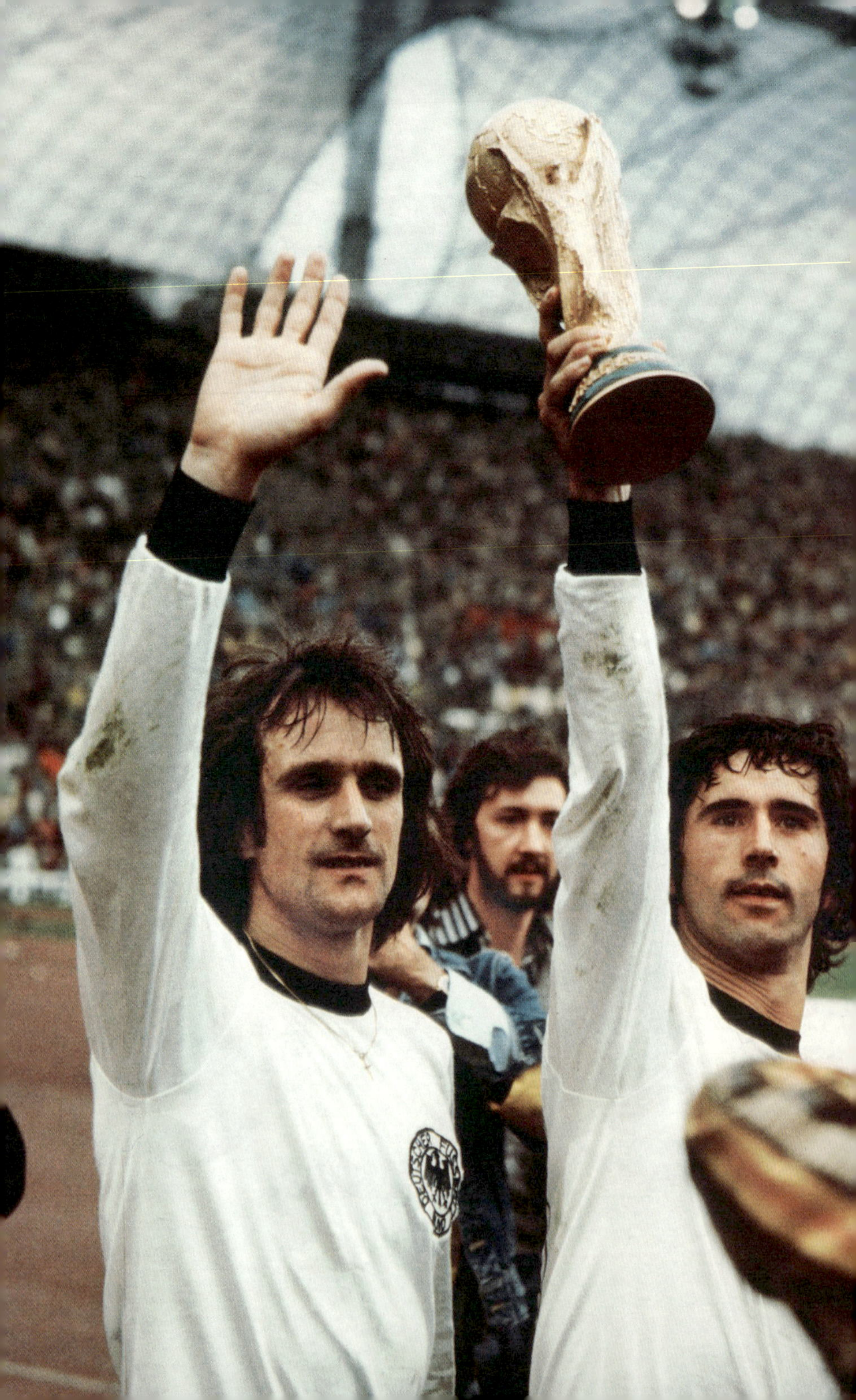

篇首语
严谨且充满意志的德国足球

1954年的夏天,联邦德国队在瑞士举办的世界杯上披荆斩棘、过关斩将,一路闯进了世界杯决赛。

在瑞士伯尔尼的万克多夫体育场,联邦德国队没有畏惧眼前被称为"黄金团队"的匈牙利队,在两球落后的情况下,上演了逆转取胜的精彩好戏。这一场比赛被称为"伯尔尼奇迹",被永久地载入了世界足球史册。

赢下1954年世界杯冠军奖杯之后,就注定了联邦德国队的不平凡。

联邦德国队能够逆转战胜匈牙利队,有一个极其微小的细节:球鞋。

那场比赛的下半场,天降大雨,场地因此变得非常泥泞。这个时候,联邦德国队的装备负责人阿道夫·阿迪·达斯勒设计的专用

德国队

球鞋发挥了作用。他设计的球鞋采用更薄、更轻的皮革,即便沾满雨水,重量也只有0.7千克,而匈牙利队球员的球鞋重量在下半场变为1.5千克。

更重要的是,联邦德国队球员球鞋的鞋钉,并不是过去常规的圆柱形,而是改为圆锥形,这使得球鞋在泥泞的场地上依然能够保持良好的抓地力,联邦德国队球员在场上依然可以做出急停、急转等动作,而不会像匈牙利队球员那样轻易滑倒。

这样的严谨,可见一斑。

正是在这种严谨的态度之下,德国才可以发展出以高品质、高性能和高可靠性而闻名于世的机械制造行业。而德国足球也像机械行业一样,充满了严谨和细致的精神。

在足球场上,联邦德国队就像一辆开足马力的钢铁战车,无人能敌。联邦德国队的团队配合、战术纪律和强大的精神力量,让其在比赛中始终处于领先地位。联邦德国队的成功,不仅是因为其球员拥有出众的技术和身体素质,更是因为这支球队拥有追求卓越、永不言败的心。

从1954年的世界杯冠军开始,这支如同钢铁战车一般的德国队,8次杀入世界杯决赛,其中4次夺得冠军;6次杀入欧洲杯决赛,其中3次夺得冠军(仅含联邦德国队数据,不包含民主德国队数据)。

这样的成绩,不仅傲视整个欧洲,在世界层面也是数一数二。在这样优秀的成绩背后,则是层出不穷的出色球员。

1954年的世界杯,在那场被誉为"伯尔尼奇迹"的决赛中,联邦德国队以3∶2的比分战胜了强大的匈牙利队,赢得了首个世界杯冠军,这一壮举让德国足球迅速声名鹊起。

1974年,联邦德国队再次夺得世界杯冠军,进一步巩固了其在世界足球舞台上的地位。弗朗茨·贝肯鲍尔书写了"自由人"这一角色的传奇篇章,"足球皇帝"的名号享誉全球;盖德·穆勒则让联邦德国队根本无须担心进球,因为他就是一个不折不扣的"进球机器"。

这批球员的杰出表现不仅为德国足球增添了荣耀,也让球迷见证了足球的美妙。

20世纪八九十年代,德国足球再次掀起了一波新的高潮。

在这个时期,联邦德国队不仅在世界杯上再度夺冠,还多次获得了欧洲杯的冠军,奠定了其在欧洲足坛的霸主地位。

洛塔尔·马特乌斯和尤尔根·克林斯曼分别继承了贝肯鲍尔和盖德·穆勒在各自位置上的衣钵,再加上安德烈亚斯·布雷默和鲁迪·沃勒尔等优秀球员的帮助,这让德国足球写下了辉煌的新篇章。

21世纪以来,在经历了世纪初的低迷后,德国队重新恢复了强

德国队

劲的竞争力。

通过对年轻球员的悉心培养和战术层面的锐意革新，在2014年世界杯上，德国队再次夺得了冠军。

而在这段时间，米夏埃尔·巴拉克、奥利弗·卡恩很好地完成了承上启下的历史使命，从而让米洛斯拉夫·克洛泽、托马斯·穆勒、曼努埃尔·诺伊尔等优秀的年轻球员顺利成长起来，为德国足球的辉煌历史撰写了全新的篇章。

在相当长的时间里，这辆战车始终保持着良好的状态。

德国足球以团队合作、纪律性和顽强拼搏精神著称。无论是国家队还是俱乐部，德国足球一直注重培养球员的团队意识和奉献精神，这种闪烁着集体主义光芒的价值观吸引了很多球迷的认同。

而且，德国队在世界杯赛场上一直表现出色，拥有出色的竞争力和统治力。无论是球风还是战术打法，德国队都给人留下了深刻的印象。

正因为这两点，德国足球一直受到很多球迷的欣赏和喜爱。

但是，再好的战马也有马失前蹄的时候。

2000年前后，德国足球经历了一段前所未有的低谷。年轻球员顶不掉"老大哥们"的位置，从而使得整个德国足球从战术打法到发展理念，都陷入了停滞不前的困局。

经过长时间的大讨论,德国足球选择触底反弹、锐意革新,在10多年后实现脱胎换骨的新生。这就像是机械行业的车间,生产出的新产品不受欢迎,而老产品早已过时,于是寻找问题、思考问题、解决问题,几经调整后,最终创造出了新的行业奇迹。

这样的过程,其实在德国的机械行业无比常见,而在足球行业,道理也是相通的。

所以时至今日,再次处于低谷的德国队,更需要一次大讨论。

因为哪怕在2000年前后,在历史上表现极为出色的德国队也没有像今天这样,连续两届世界杯止步于小组赛。

德国队需要像20多年前那样,重新寻找球队的问题,思考问题的原因,然后找到解决的办法,一步步地将德国队重新带回到它该在的位置上。

球衣上代表四届世界杯冠军的四颗星,从来不应该是负担,而应该是动力。

车开坏了,就要修;路走错了,就要换。

足球世界没有常胜将军,德国队这辆"钢铁战车"也不是每时每刻都无坚不摧,所以在当下遇到一些困难,是非常正常的。

德国队的辉煌历史中总有可借鉴的经验,而严谨的精神也可以帮助这支球队从其他优秀的球队那里取长补短,如此一来,德国队

德国队

的复兴指日可待。

对于夺得1954年世界杯冠军的那一批联邦德国队球员来说,足球只是他们在本职工作之外的兴趣爱好,但正是因为团队里每一个人骨子里的严谨和细致,让冠军变成了他们的囊中之物。

而在70年后的今天,足球运动已经变成了一个无比庞大的产业,它不仅为每一个德国人带来喜怒哀乐,也成为德国很多家庭的生计来源。

所以,德国足球需要复兴,也必须复兴,等待德国人将车子修好,找到前进的路,德国队这辆"钢铁战车"又会拿出昔日的风范,摧毁挡在球队前进路上的一切障碍,直通那一个又一个让人艳羡的冠军舞台。

第一章

历史的溯源

足球无关于政治，这本身就是一句妄言，因为政治关乎于任何事情，其中当然包括足球。

——引语

德国队

◆ 当足球来到德国

通常来说，一个国家足球运动的起源，与其和英国的地理距离有着直接的关系，但是这一条规律对于德国来说，并不奏效。

虽然离英国更近的还有法国、比利时、荷兰，但德国却是第一个引进足球运动的欧洲大陆国家。和其他国家通过英国的商人和水手认识足球不同，德国是通过本国的旅行家和学生认识足球的。

19世纪50年代，一大批德国旅行家去英国旅行，还有一大批德国学生在英国留学，他们带回了在英国的很多见闻，其中包括对英国教育系统的介绍，尤其是足球这项当时流行于英国公学之间的运动。

这也推动了德国教育系统的变革。

在足球被引入德国之前，德国学生在体育课上的活动，主要就是练习体操。

德国教育家认为，体操这项运动可以展现日耳曼民族的身体之美，而且可以锻炼服从意志，因为体操的每个动作都必须符合规定，并且在集体体操中，每个人的动作都需要和别人完全一致。

第一章 历史的溯源

可以预见的是,随着时间的推移,没有多少德国学生会喜欢体操这项运动,他们旺盛的精力需要更加激烈且充满对抗性的运动来发泄掉。所以哪怕在初期,足球并不受到德国传统体育组织的欢迎,但在学校内部,随着老师和教授们将足球引入到体育课中,这项运动立刻就成为学生的最爱。

随着德国学生、英国移民掀起的足球热潮,德国传统体育组织也败下阵来。在19世纪末,各个地区的传统体育组织——体操协会,不得不在旗下组建单独的足球队。

比如慕尼黑地区著名的足球队——慕尼黑1860队,其中的"1860",实际上指的是1860年成立的慕尼黑体操和体育协会,协会下辖的足球队,则是在1899年成立的。

随着各个地区的体育组织都有了单独的足球队,在1898年到1901年,德国南部地区的几个足球队在瓦尔特·本塞曼的组织下,组建了第一支以德国队为名义的德国选拔队,与来访的法国队和英国队进行了七场比赛。

本塞曼是当时德国国内最著名的足球爱好者,他在德国南部地区帮助组建了多支足球队和多个足球俱乐部,被认为是德国最重要的足球先驱之一,不过德国足协并不承认他组建的德国选拔队为德国队,也不承认他所组织的国际比赛为正式比赛。

德国队

真正被德国足协承认的德国队的第一场正式比赛，发生在1908年4月5日。

1900年1月28日，来自德国各地的数十个足球俱乐部的代表，在莱比锡的玛丽恩花园餐厅召开了德国足协成立大会。当时，德国足协就决定组建德国队，但在随后的几年里，由于融资和组织方面的问题，未能实现全国层面的选拔。然而，考虑到足球运动的日益普及，德国足协决定在1912年之前组建德国队，从而使其代表德国参加1912年奥运会足球锦标赛。

1908年，德国队正式成立，4月5日，德国队在瑞士巴塞尔的兰德霍夫体育场与瑞士队进行了比赛，德国队以3∶5的比分输掉了这场比赛。

德国队在历史上第一场比赛中就输球，一点都不意外。

因为这支德国队没有主教练，大家都是在去往巴塞尔的火车上才结识了自己的队友。比赛的当天早上，德国队在队长阿瑟·希勒的召集下开了一个会，在会上，希勒制定了这场比赛的具体战术，球员经过合练，就直接上场比赛了。

这样的混乱情况，源于德国足协当时的选拔程序。在决定参加这场比赛之后，德国足协决定通过选拔制来组建队伍，但只限于选拔那些来自足球已经有序开展的地区的球员。地区协会负责提名球员，然后德国足协从中进行挑选，用这样的方式组建起这支德国队。

所以在一开始，球员之间非常陌生，比赛结果自然也相当糟糕，后来德国足协想出了一个办法：同一天组织两场国际比赛，从北部地区选拔的球员参加一场比赛，从南部地区选拔的球员参加另一场比赛。

因为地理范围缩小，所以选拔出来的球员存在了互相认识的可能性，比赛结果才有所好转。比如在1910年4月3日，由南部地区球员组成的德国队在卡尔斯鲁厄以3∶2战胜瑞士队，来自德国北部和中部的球员则前往匈牙利的布达佩斯进行比赛，最终以3∶3战平了匈牙利队。

◆ 混乱不堪的时代

1912年奥运会，德国队开始了其在参加世界杯前的第一场国际比赛。

在这届德国足协准备了很久的比赛上，德国队与奥地利队、俄罗斯队和匈牙利队展开角逐。德国队在对阵俄罗斯队的时候，取得

德国队

了16:0的大胜,其中戈特弗里德·福克斯一个人就打进了10球,但在对阵奥地利队和匈牙利队的比赛中,德国队遭遇了失败,分别以1:5和1:3的比分输给了奥地利队和匈牙利队。

1914年,受到第一次世界大战的影响,包括奥运会在内的很多比赛都没有举行,德国队也在这一时期损失惨重,共有12名球员阵亡,其中11名死在了战争前线。

由于第一次世界大战导致欧洲的政治格局发生了重大的变化,德国成为被欧洲其他国家孤立的存在,其足球运动也因此受到了影响。

1920年,瑞士本来打算像战前一样,邀请德国队参加友谊赛,但这一举动立刻遭到了英国、法国和比利时的抵制,瑞士只好取消邀请,直到两年过后,瑞士队才和德国队恢复了比赛。

第一次世界大战之后,德国队直到1928年才被允许再次参加奥运会。1928年阿姆斯特丹奥运会,德国队在1/8决赛中4:0大胜瑞士队,随后的1/4决赛,德国队以1:4不敌最后的冠军球队——乌拉圭队。

1930年,第一届世界杯在乌拉圭举办,但像其他的很多欧洲国家队一样,德国队并没有参赛,因为从欧洲前往南美洲,需要耗费大量的资金和时间。

1934年世界杯,德国队在预选赛阶段和法国队、卢森堡队分到了同一个小组，在德国队和法国队都通过战胜卢森堡队获得了参赛名额之后，两支球队之间的比赛并没有举行，原因就是当时两个国家的关系相当紧张。

正赛阶段，德国队先是以5∶2的比分战胜了比利时队，德国队球员埃德蒙·科南上演了帽子戏法，随后德国队以2∶1的比分战胜了瑞典队，从而顺利晋级四强。

在半决赛中，德国队1∶3不敌捷克斯洛伐克队，第一届世界杯的征程便止步四强。

季军赛，德国队以3∶2的比分战胜了奥地利队。

1936年柏林奥运会，德国队在1/8决赛9∶0大胜卢森堡队，然而在1/4决赛，德国队0∶2输给了挪威队。因此主教练奥托·内尔茨主动卸任，从此之后不再担任德国队主教练，不过他在之后担任了"国家队代表"，与继任主教练塞普·赫尔贝格一同管理德国队。

正是在赫尔贝格的指挥下，德国队参加了1938年世界杯预选赛。

在这个由德国队、瑞典队、爱沙尼亚队、芬兰队组成的小组内，德国队取得了3场比赛的全胜，顺利晋级到了这一届世界杯的正赛。

1938年世界杯，德国队在首轮便遭淘汰。在其1∶1战平瑞士队之后，由于当时还没有通过点球大战决出胜负的规则，所以两支

德国队

球队需要在五天后重赛一次，就在重赛上，德国队2∶4不敌瑞士队，最终止步于首轮，这也是当时德国队世界杯参赛历史上的最差成绩。

这一届世界杯过后，随着第二次世界大战在全欧洲范围内蔓延开来，德国足球的发展也陷入了停滞，准确来说，是足球赛事被彻底取消。

1940年，德国足协被解散；1941年，足球比赛开始被下令取消。

1942年11月22日，第二次世界大战结束前的最后一场比赛在德国队和斯洛伐克队之间进行，德国队5∶2取得了比赛的胜利。

也就是在这一年，国际足联将德国足协排除在外。

第二次世界大战以德国的战败而结束，但在战争结束之后，德国队并未恢复和各国的比赛，而是重新回到了第一次世界大战之后被抵制的状态。

1945年11月10日至12日，国际足联在苏黎世举行二战后的第一次执行委员会会议。在会上，国际足联决定保持与德国的断绝关系状态，同时禁止所有成员协会与德国足协进行体育方面的交流。

然而在1948年，瑞士尝试支持德国重新加入国际足联，这一请求当然被立刻拒绝，但两国民间恢复了交流，代表德国几个城市的球队和瑞士的球队在德国进行了三场比赛。这些比赛的举办在欧洲引起强烈争议,国际足联甚至声称要对瑞士进行惩罚,但瑞士足协通过对内处罚,让自己避免了遭受国际足联的处罚。

很显然,德国恢复与各国的体育交流,需要一个更有话语权的国家来出面斡旋。在1949年,英格兰足球总会向国际足联申请重新接纳德国参加国际比赛,国际足联于1949年5月7日解除了对所有德国球队的比赛禁令。

然而在这个时候,德国分裂为联邦德国、民主德国以及萨尔保护国,所以三个国家分别成立了自己的足协,并且都在之后加入了欧足联和国际足联。

偌大的德国在很长一段时间内,在不同的地区需要以不同的身份来参加正式比赛,这样的状态将维持几十年的时间。

德国毕竟是欧洲大陆的传统强国,足球对这片土地的影响相当深远。

足球的魅力,突破了德国传统体育文化的限制,但在纳粹统治的时代下,它也不免因为内在蕴含的集体主义精神和可以代表国家形象的竞赛形式,成为纳粹宣传自身的工具。

足球也不免因此受到影响,从而导致犹太球员被长时间排除在德国队的比赛之外,犹太球员的贡献也从许多德国足球统计数据中

德国队

删除，甚至曾经帮助德国队在1912年奥运会上取得进球的福克斯等德国队前球员，都不得不离开这个国家。

足球无关于政治，这本身就是一句妄言，因为政治关乎于任何事情，其中当然包括足球。

在战时，这一点就是如此，到了战后，这一点也没有发生任何变化。

第二章

奇迹诞生之地

虽然长时间处于下风,但联邦德国队球员并没有放弃进攻,这让他们在第84分钟创造了奇迹。

——引语

德国队

◆ "伯尔尼奇迹"载史册

1950年,第二次世界大战后的新一届世界杯开打,足球世界终于恢复了正常。

但由于联邦德国、民主德国和萨尔的足协都刚刚成立,所以三支球队都没有参加1950年世界杯预选赛,自然也没有资格参加正赛。

但在这期间,三支球队都开始和其他国家的球队进行比赛。1950年,联邦德国队对阵瑞士队,萨尔队对阵瑞士B队,民主德国队则在1952年开始了第一场比赛,对手是波兰队。

1954年世界杯,联邦德国队和萨尔队都选择参赛。

预选赛期间,两支球队恰好被分在了一起,另一个对手是挪威队。4轮比赛下来,联邦德国队取得了3胜1平的战绩,萨尔队则是1胜1平2负。两支球队分列小组第一名和第二名,挪威队则排名小组第三。

在只有小组第一能够晋级的情况下,联邦德国队获得了参加世界杯的名额。

第二章 奇迹诞生之地

1954年世界杯的小组赛阶段，联邦德国队与匈牙利队、土耳其队、韩国队分到同一个小组。

当时的小组赛规定，四支球队将分为种子球队和非种子球队，种子球队之间不进行比赛，非种子球队之间也不进行比赛，在四场种子球队与非种子球队的比赛结束之后，通过积分来排名，如果出现同分的情况，则通过附加赛来决定排名顺序。

在这样的情况下，当时实力强大的匈牙利队和土耳其队被选定为种子球队，战后第一次参加世界杯的联邦德国队和来自亚洲的韩国队则被选定为非种子球队。

虽然没有成为种子球队，但联邦德国队的第一场比赛就用4∶1的比分赢下了种子球队中的土耳其队，随后联邦德国队毫无悬念地以3∶8的比分输给了匈牙利队。

韩国队则没有这么好的表现，两战种子球队都输了球，于是匈牙利队两战全胜，拿到了4分，联邦德国队和土耳其队则都是1胜1负、积2分的成绩。

于是在附加赛上，两支球队再度相逢，这一次取胜的还是联邦德国队，而且其以7∶2的大比分打败了土耳其队。

这样的结果说明：虽然联邦德国队可选拔球员的地域范围缩小了，但球队的实力其实并不弱，球队内部有着不少优秀的球员，就

德国队

像球队的门将托尼·图雷克。

进入8强之后，联邦德国队的第一个对手是南斯拉夫队。由于南斯拉夫队球员伊维卡·霍瓦特的乌龙球，联邦德国队在比赛第9分钟就取得了领先。随后，联邦德国队顶住了南斯拉夫队潮水般的进攻，除了顽强的防守之外，门将图雷克也通过不断地扑救，帮助联邦德国队顶住了巨大的压力，最终在比赛第85分钟，赫尔穆特·拉恩将比分改写为2∶0，联邦德国队出人意料地进入半决赛。

半决赛，联邦德国队遇上了"老熟人"——奥地利队。

上半场比赛，两支球队的表现都比较一般，但联邦德国队球员汉斯·谢费尔打进一球。中场休息过后，奥地利队强势归来，德国队虽然因此承压，还让奥地利队球员埃里希·普罗布斯特扳平了比分，但也因此获得了源源不断的反击机会。下半场比赛，联邦德国队打进了5球，让比分最终定格在了6∶1。

联邦德国队第一次参加世界杯就闯入了决赛，这让外界大为惊讶，但在为其送上掌声的同时，外界认为这支球队即将止步于此。因为联邦德国队在决赛中的对手，是在小组赛以8∶3将其战胜的匈牙利队。

1954年的匈牙利队被称为"黄金团队"，也被称为"强大的马扎尔人"。这支球队一直都被视为这届世界杯的夺冠热门球队，因为

第二章 奇迹诞生之地

在这届世界杯前的31场比赛中，匈牙利队始终保持不败。

匈牙利队的球员都是职业球员，大多数人为军队的球队——布达佩斯洪韦德队或MTK布达佩斯队效力，球队内的几位球员则因技术出色而闻名于世，包括前锋球员桑多尔·科奇斯和费伦茨·普斯卡什、中场球员南多尔·希德格库蒂、后卫球员约瑟夫·博兹西克和门将久拉·格罗西奇，他们都被认为是当时世界上顶尖的球员。

所以在赛前，这被认为将是一场一边倒的比赛，匈牙利队会像小组赛期间那样，轻而易举地击溃联邦德国队，从而取得比赛的胜利。

比赛一开始，似乎也是这样运转的。普斯卡什和齐博尔在比赛开始仅8分钟就各进1球，帮助匈牙利队取得了2∶0的领先优势，然而正当匈牙利队自己都认为自己将赢得冠军的时候，在比赛第10分钟，马克斯·莫洛克帮助联邦德国队扳回一球，在比赛第18分钟，拉恩则在角球进攻中攻入一球，在很短的时间里，就帮助联邦德国队扳平了比分，展现了球队顽强不屈的意志。

比分被扳平后，匈牙利队重新控制了局势，并且获得了几次破门的好机会，但都没能将球打进，这样的形势也延续到了下半场比赛，匈牙利队继续发起进攻，但都被以门将图雷克为首的联邦德国

德国队

队球员——化解。

联邦德国队的好机会,直至比赛临近结束时才出现。虽然长时间处于下风,但联邦德国队球员并没有放弃进攻,这让他们在第84分钟创造了奇迹。

拉恩在拦截匈牙利队的解围之后,用一个非常漂亮的过人进入了禁区,然后用一脚大力射门帮助联邦德国队打进了第3球,绝杀了匈牙利队。

◆ 走在崛起的道路上

比赛结束之后,联邦德国队球员立刻拥抱在一起,然后冲向挥舞着国旗的联邦德国队球迷的看台下,与观众一起庆祝世界杯的胜利。

联邦德国队队长弗里茨·瓦尔特举起冠军奖杯的时候,场边的一支乐队演奏起了当时的联邦德国国歌,而在伴奏声下,场边的部分观众唱起了国歌的出处《德意志之歌》的第一节。

这一节的内容包含德国高于其他一切的表述,还提到了德国被划分出去的领土,由于这会让人想起二战时期德国的种族歧视政策和侵略行为,这一节通常不适合在公开场合演唱,所以在赛后,部分联邦德国队球迷的这一举动立刻引发了争议。

但由此也可以看出,这场在瑞士伯尔尼举办、日后被称为"伯尔尼奇迹"的世界杯决赛的胜利,对当时的联邦德国有着怎样的振奋效果。联邦德国在二战后始终缺乏国际认可,而且民族自豪感无法抵消战败国身份带来的自卑感,但这场胜利让全体德国人都有了骄傲的资本。

德国历史学家约阿希姆·费斯特就曾表示,1954年7月4日,也就是世界杯决赛举办的当天,在某种程度上来看就是德意志共和国的成立之日。

第二天上午,球队乘坐由德国联邦铁路为冠军球队特别打造的一辆红色涂装的火车,从驻扎的瑞士小镇施皮茨回国,进入联邦德国境内之后,联邦德国民众就在铁路旁夹道欢迎,到处都是庆祝的人群,仅在慕尼黑,就有超过4万人参加庆祝活动,在某些小镇的火车站,球迷甚至需要购买站台票才被允许加入庆祝的行列。

所以,这座世界杯冠军奖杯对联邦德国,甚至是全德国的影响都非常深远,尽管在几年后,匈牙利队球员普斯卡什提出了联邦德国队在赛前可能注射了兴奋剂的指控,但这一点从来没有切实的证

德国队

据，而且在当时，兴奋剂也并未被禁止，所以这并没有影响"伯尔尼奇迹"对联邦德国的提振效果。

不过在联邦德国队成为世界杯冠军之后，这群冠军球员并没有帮助联邦德国队取得持续的胜利，因为在当时他们还只是半职业球员，在踢球之余，还有其他的工作。

就像功勋门将图雷克，除了担任联邦德国队门将之外，他还是莱茵铁路公司的一名员工，所以在1954年世界杯期间，他需要向公司请假，联邦德国足协也需要向莱茵铁路公司支付他的误工费，才得以让图雷克为国出战。

夺得世界杯冠军之后，一些球员收到了出国踢球的邀请，但他们都没有接受，继续以半职业球员的身份留在联邦德国，毕竟夺得世界杯冠军的时候，很多人的年龄已经不小了。

所以到了1958年世界杯，联邦德国队也不得不重新开始。

不过在全德国范围内，1954年联邦德国队的成功，依然带来了深远的变化。

1957年，随着萨尔保护国并入联邦德国，萨尔足协也并入了联邦德国足协，而随着联邦德国队夺得世界杯冠军的消息点燃了民主德国球迷的激情之后，民主德国足协也在民众的压力下，被迫同意参加1958年世界杯预选赛。

然而在预选赛阶段，没有做好准备的民主德国队表现不佳，球队在与捷克斯洛伐克队、威尔士队的较量中，仅仅取得了1场比赛的胜利，其余3场全部失利，排名小组倒数第一，自然没有获得参加世界杯的资格。

作为1954年世界杯冠军，联邦德国队则直接从1958年世界杯正赛打起。以全新球队的标准来审视的话，其表现依然不错。

小组赛阶段，联邦德国队先是3∶1击败了南美劲旅阿根廷队，随后2∶2战平捷克斯洛伐克队，最后一场小组赛再次以2∶2的比分和北爱尔兰队打成平局。

3场小组赛1胜2平，联邦德国队以小组第一的身份晋级8强。1/4决赛，球队凭借拉恩的进球以1∶0小胜南斯拉夫队，从而在半决赛遭遇瑞典队，双方需要争夺决赛的入场券。

但这场比赛的场外纷争倒成为更吸引眼球的事件。

比赛过程并不复杂，联邦德国队在比赛第24分钟，凭借谢费尔的进球首开纪录，但在之后的比赛里，伦纳特·斯科格伦德、冈纳·格伦和库尔特·哈姆林各进一球，帮助瑞典队三球逆转了联邦德国队，从而取得了比赛的胜利。

真正让这场比赛引发争议的是主裁判的判罚。他先是在上半场漏判了瑞典队的一次手球犯规，随后在比赛第58分钟，在联邦德国

德国队

队球员和瑞典队球员发生冲突、扭打在一起之后,又只罚下了联邦德国队的球员,而没有罚下同样动手的瑞典队球员。

这使得联邦德国队在下半场少打一人,尤其是在联邦德国队边锋帕林·弗里茨·沃尔特脚踝严重受伤之后,联邦德国队在场上的劣势就更明显了。

瑞典队能够逆转取胜,其实也和联邦德国队在比赛末段几乎是九人应战有着很大的关系。

受到比赛氛围的影响,场边的联邦德国队球迷认为主裁判偏袒瑞典队,这使得看台上的两队球迷也发生了混战,最终演变成了两国民众之间的互相仇恨。

比赛结束后,这样的争执和混战依然在延续。联邦德国足协主席佩科·鲍文斯异常愤怒,表示联邦德国队再也不会和瑞典队比赛,于是在联邦德国队打完季军赛输给法国队之后,他拒绝了国际足联对其出席决赛的邀请,直接就带领球队打道回府了。

这在日后被认为是联邦德国队在申办1966年世界杯时未能成功的原因之一。

第二章 奇迹诞生之地

◆ **新德国足球领军人**

1960年，又一项全新赛事——欧洲国家杯，也就是欧洲杯的前身，正式创建。

不过，包括联邦德国队在内的很多国家，对这项在两届世界杯之间举行的赛事的态度有所保留，所以联邦德国队并没有参加1960年欧洲国家杯。

民主德国队则从预选赛打起，其在预选赛第一轮就以2∶5的比分输给了葡萄牙队，最终和两年前的1958年世界杯一样，再一次没有晋级正赛。

1962年世界杯预选赛，联邦德国队以全胜的战绩获得了小组第一，轻而易举地从北爱尔兰队和希腊队的小组中出线，晋级1962年世界杯正赛。

民主德国队则依然没有起色，其在比赛中仅仅取得了一场平局，也就是0∶0战平荷兰队，剩余的两场比赛都输给了匈牙利队，从而再次无缘世界杯。

1962年世界杯正赛阶段，联邦德国队小组赛第一场战平意大利

德国队

队，此后两场分别击败了智利队和瑞士队，再次晋级8强。

这一次的1/4决赛，联邦德国队又遇到了南斯拉夫队，但这一次联邦德国队成为失败者，0∶1不敌南斯拉夫队，从而结束了1962年世界杯的征程。

连续两届世界杯的表现都不尽如人意，联邦德国足协开始做出一些改变。

1963年，联邦德国队对教练进行更替，1958年世界杯冠军教头赫尔贝格辞职，继任者是他的助手赫尔穆特·舍恩。在赫尔贝格辞职之后，他一直力主创建的全国范围的联赛——德甲，终于在1963年正式开赛。在这之前，联邦德国的地区联赛一直反对建立德甲，但对于联邦德国队来说，更加激烈的高水平比赛才有利于更优秀球员的产生。

短短几年时间，德甲就起到了这个作用。

1964年，联邦德国队还是没有参加欧洲国家杯，民主德国队这次稍有进步，后者在预选赛第一轮以3∶2的比分战胜了捷克斯洛伐克队，但在第二轮4∶5不敌匈牙利队，还是没有进入1964年欧洲杯正赛。

民主德国队发展得相当缓慢，还需要几年的时光才能打出风采。

1966年世界杯预选赛，联邦德国队和民主德国队都参与其中。

联邦德国队4战3胜1平,以不败的战绩排在了瑞典队和塞浦路斯队之前,晋级正赛。民主德国队则仅战胜了奥地利队,还输给了匈牙利队,剩余两场比赛战平对手,以小组第二名的成绩再度无缘世界杯正赛。

1966年世界杯小组赛,第一场对阵瑞士队,联邦德国队未来的领军人物贝肯鲍尔在这一场比赛中崭露头角。

1966年,贝肯鲍尔刚刚年满20岁,但他在对阵瑞士队的比赛中就上演了梅开二度的好戏,帮助联邦德国队以5∶0的大比分战胜对手。

此后的两场比赛,联邦德国队战平阿根廷队,2∶1战胜西班牙队,从而以2胜1平且进球数比阿根廷队更多的成绩,成功晋级到淘汰赛。

1/4决赛,联邦德国队4∶0战胜乌拉圭队;半决赛,联邦德国队则以2∶1的比分战胜苏联队。在这两场比赛当中,贝肯鲍尔都各进一球,是联邦德国队继1954年世界杯后再进决赛的功臣。

联邦德国队在决赛中面对东道主英格兰队,后者占据天时地利人和的优势。不过在英格兰观众的助威声中,联邦德国队打得相当顽强,在90分钟内和英格兰队战成了2∶2的平局,将东道主球队拖入了点球大战。

德国队

比赛第101分钟，英格兰队球员杰夫·赫斯特制造了一个颇有争议的进球，他踢出的球先是击中了球门的横梁下缘，然后弹到了地面上，瑞士裁判戈特弗里德·丁斯特在与苏联边裁托菲克·巴赫拉莫夫协商过后，判罚进球有效。

这一球究竟有没有完全越过门线，始终是世界杯历史上的一大悬案，受限于当时的转播清晰度，直至今天，两国球迷也是各执一词，但在当时，英格兰队凭借此球取得领先之后，在比赛第120分钟再进一球，以4∶2的比分战胜了联邦德国队。

虽然输掉了比赛，但联邦德国队在这一届世界杯上的表现，尤其是年轻球员贝肯鲍尔的表现，还是给予了联邦德国队球迷无限的期待。

他们十分愿意相信，假以时日，随着年轻球员逐渐成熟起来，联邦德国队势必能够主宰整个足球世界，从而给战后和分裂的德国更多的自豪感。

最后，他们的想象都成为现实。

第三章

第一黄金时代

整个20世纪70年代,联邦德国队只有一个代名词——贝肯鲍尔。

——引语

德国队

◆ 德国足球欧洲之巅

在联邦德国队主宰整个足球世界之前,年轻球员需要信心,同样需要教训。

1968年欧洲杯,联邦德国队终于决定参加这项赛事,但在与南斯拉夫队、阿尔巴尼亚队的较量中,联邦德国队处在了下风。

联邦德国队先是以0∶1的比分在客场输给了南斯拉夫队,随后又在客场0∶0战平阿尔巴尼亚队,这个1平1负的战绩,直接使得剩下两场比赛的胜利成为无用功,联邦德国队只能排名小组第二,眼看着南斯拉夫队进入下一轮。

和联邦德国队第一次无缘国际大赛相比,民主德国队则对这一切都不陌生。这一届欧洲杯预选赛,民主德国队与匈牙利队、荷兰队和丹麦队分在一个小组,民主德国队3胜1平2负的战绩和之前相比已经有了不小的进步,但其还是只能屈居小组次席,继续被国际大赛拒之门外。

1970年世界杯,联邦德国队和民主德国队的表现回到了常态。

联邦德国队在预选赛阶段表现出色,6场比赛5胜1平,顺利地从苏格兰队、奥地利队和塞浦路斯队的包围中出线；而民主德国队这次排在了同组的意大利队之后、威尔士队之前，继续以小组第二的身份无缘正赛。

正赛阶段，联邦德国队开始展现自己真正的实力。其在小组赛先是以2∶1战胜摩洛哥队，随后又以5∶2战胜保加利亚队，最后一场以3∶1赢下秘鲁队，以三战全胜的战绩晋级淘汰赛。

1/4决赛，联邦德国队遇到了在上一届世界杯决赛中击败自己的英格兰队，这一次联邦德国队笑到了最后。在英格兰队先进两球的情况下，贝肯鲍尔打入一球，随后乌韦·席勒扳平比分，将比赛拖入加时赛。比赛第108分钟，盖德·穆勒打进联邦德国队的第3球，帮助球队完成了逆转，晋级半决赛。

这场1/4决赛的精彩程度，已经让场边的球迷和记者大呼过瘾，然而这只是联邦德国队经历的第一场苦战。

半决赛，联邦德国队遇到了1968年欧洲杯冠军意大利队。开场仅8分钟，意大利队就取得比分的领先，罗伯托·博宁塞尼亚为意大利队打进第1球，此后的比赛进入了相当胶着的状态，直到常规时间的最后1分钟，联邦德国队球员卡尔-海因茨·施内林格才扳平比分，从而将意大利队拖入加时赛。这一球也是施内林格为联邦德国队打进的唯一进球。

德国队

由于加时赛的30分钟非常短暂,通常两支球队都不会大举进攻,但在这一场比赛的加时赛,两支球队一共打进了5球,联邦德国队率先进球,意大利队立刻扳平,而且在随后完成反超,联邦德国队再度扳平,仅仅1分钟后意大利队就再度超出比分。

最终,意大利队以4∶3的比分险胜联邦德国队,后者则遗憾出局。在季军赛中,联邦德国队战胜了乌拉圭队,获得了1970年世界杯季军。

虽然没有取得更好的成绩,但经过此前几年的沉淀,联邦德国队证明了自己的实力,已经足以重新触碰世界杯冠军这一最高荣誉。

1972年欧洲杯,掀开了联邦德国队重回世界之巅的序幕。这是其第二次参加欧洲杯,在顺利闯过预选赛之后,联邦德国队在波兰队、土耳其队、阿尔巴尼亚队的围攻下取得4胜2平的不败战绩,晋级下一阶段。至于民主德国队,其命运还是没有发生变化,这支球队在小组中排在南斯拉夫队和荷兰队之后,仅仅获得小组第三。

联邦德国队在下一阶段比赛中又遇上了英格兰队。

1972年4月29日,在伦敦的温布利球场举行了一场令人难忘的比赛。凭借乌利·赫内斯、君特·内策尔和盖德·穆勒的进球,联邦德国队以3∶1的比分,首次在客场对阵英格兰队的比赛中获胜,这一结果让当时对联邦德国队持批评态度的英国媒体不得不改变对联邦德国队的态度。

次回合在柏林的比赛，两队以0：0的比分战平，联邦德国队晋级1972年欧洲杯正赛。

半决赛上，联邦德国队以2：1的比分战胜了比利时队，盖德·穆勒在上、下半场各进一球，帮助联邦德国队很快就取得了优势地位，比利时队在比赛末段才扳回一分。

决赛对阵苏联队，联邦德国队延续了其面对苏联队时不错的战绩，盖德·穆勒再次梅开二度，赫伯特·维默尔打进一球，联邦德国队首次夺得欧洲杯冠军。

虽然联邦德国队球迷在决赛举办地布鲁塞尔因为过度兴奋而引发了骚乱，但整届欧洲杯，联邦德国队打得其实相当稳健。

不管是在预选赛，还是在正赛，联邦德国队都没有遇到太大的困难，完全没有出现1954年世界杯和1970年世界杯上的艰苦战役，这一切都说明联邦德国队的实力已经达到了某种高度，所以其并不需要多么费劲就可以取得比赛的胜利。

这样的实力和状态，让联邦德国队在1974年得以再度品尝到冠军的滋味。

德国队

◆ "足球皇帝"世界之巅

1974年世界杯,联邦德国获得了主办权。

作为东道主球队,联邦德国队无须参加预选赛,而民主德国队也在这一届对其来说相当特殊的世界杯上取得了突破:第一次通过预选赛,获得了世界杯的参赛名额。

预选赛阶段,民主德国队与罗马尼亚队、芬兰队和阿尔巴尼亚队分到同一个小组,6场比赛当中,民主德国队仅在第3场比赛以0∶1的比分输给了罗马尼亚队,剩余的5场比赛全部取胜,从而以小组第一的成绩晋级到了这一届由联邦德国举办的世界杯正赛。

有趣的是,联邦德国队和民主德国队还在抽签时被分到了同一个小组,另外两个对手则是智利队和澳大利亚队。

小组赛第一轮,联邦德国队和民主德国队分别战胜了智利队和澳大利亚队;第二轮比赛,联邦德国队以3∶0的比分完胜澳大利亚队,民主德国队则和智利队战成了1∶1的平局。

所以对于联邦德国队来说,最后一轮面对民主德国队,只要不输球就可以锁定小组第一,但民主德国队想要出线,就要尽力夺取最好的结果。

1974年6月22日，这两支球队进行了历史上唯一的正面交锋，在这场"德国内战"中，凭借尤尔根·施帕瓦泽在比赛第77分钟的进球，民主德国队以1∶0的比分战胜了联邦德国队，从而获得了小组第一，联邦德国队则获得小组第二，两支球队携手出线。

1974年世界杯，在常规的小组赛结束、决出8强之后，赛制规定8支球队还要继续分为两个小组，再以小组赛的形式进行比赛，两个小组第一进行决赛，小组第二则进行季军赛。

民主德国队取得小组第一，这让其被分到了荷兰队、巴西队和阿根廷队的小组当中。结果自然不言而喻，民主德国队仅在对阵阿根廷队时取得一场平局，剩余两场比赛分别输给了巴西队和荷兰队，没能晋级4强。

联邦德国队则分到了一个相对简单的小组，其相继战胜了南斯拉夫队、瑞典队和波兰队，从而在自己的小组当中三战全胜，获得小组第一。

到了决赛，联邦德国队的对手是荷兰队。

开场仅两分钟，荷兰队球员约翰·内斯肯斯就通过点球帮助荷兰队取得了比分的领先，在主场经受这一打击，联邦德国队花了一段时间才恢复过来。

德国队

比赛第25分钟，保罗·布莱特纳也通过点球扳平比分，这一球相当关键，让联邦德国队找回了状态。于是在上半场临近结束时，盖德·穆勒收获进球，让联邦德国队完成逆转的同时，得以带着比分领先的心理优势进入下半场。

下半场比赛，联邦德国队将重心放在了防守上，贝肯鲍尔和队友们对亨德里克·约翰内斯·克鲁伊夫的防守非常出色，以至于荷兰队始终无法充分利用其引以为傲的"全攻全守"战术。在防住了内斯肯斯的一脚又一脚射门之后，联邦德国队拿到了球队历史上第二座世界杯冠军奖杯，也成为第一支在两年内获得欧洲杯和世界杯冠军的球队。

赢得世界杯冠军之后，联邦德国队上下当然非常开心，但和赢得1954年世界杯冠军、1972年欧洲杯冠军相比，联邦德国队却没有那么开心。

一方面是因为没有了第一次赢得冠军的新鲜感，另一方面也是因为即便赢得冠军，球员也没有获得应有的奖赏。

在这届世界杯开幕之前，联邦德国队和联邦德国足协就发生了一些矛盾：在意大利足协为球员开出12万马克的夺冠奖金、荷兰足协开出10万马克奖金的时候，联邦德国足协刚开始为球队开出的夺冠奖金，只有区区3万马克。

第三章　第一黄金时代

于是，作为队长的贝肯鲍尔和足协代表汉斯·德克特开始了讨价还价，双方最终在7万马克的价格上达成了一致，但在谈判期间，主教练舍恩相当失望，他无法接受双方在奖金这种事情上的讨价还价，一度想要临阵辞职。

在球队内部和外界多方的劝说下，舍恩收回了自己辞职的决定，但这一事件也影响了他的状态，尤其是在小组赛输给民主德国队之后，舍恩的心态遭到了沉重的打击，无法履行领导球队的职责，就连出席发布会时都难以掩盖自己被压力击垮的样子。

在这种情况下，作为队长的贝肯鲍尔再次被推举出来，由他来协助主教练完成战术方面的计划，就像德国媒体《踢球者》所描写的，"在1974年，贝肯鲍尔就已经以某种方式，成为球员兼球队的主管"。

虽然赢得了冠军，但球员和足协之间的矛盾并没有消除，由于联邦德国足协不允许球员的亲属出席庆祝晚宴，却允许足协官员的亲属参加，包括盖德·穆勒在内的一些球员愤怒地宣布退出联邦德国队。

这在很大程度上影响了联邦德国队的实力，因为在1974年世界杯上，联邦德国队就不是以技术出众而夺冠的，实际上是战斗精神和坚固的防守帮助球队走到了决赛。

德国队

当然了,还有贝肯鲍尔。

◆ 荣耀之后低谷来临

到了1976年欧洲杯,联邦德国队的前景充满了不确定性。

预选赛阶段,球队的状态开始起伏不定,在对手只是希腊队、保加利亚队和马耳他队的情况下,联邦德国队居然有一场比赛输给了希腊队,还和保加利亚队有过一场1∶1的平局。

这没有影响联邦德国队参加下一轮的比赛,其以3∶1击败了西班牙队,从而获得了参加1976年欧洲杯正赛的机会,但连外界都能发现,联邦德国队似乎失去了一些专注力。

至于民主德国队,其在1976年欧洲杯上没能延续两年前的好状态,预选赛阶段仅仅以2胜3平1负的战绩,排在小组第二名,没能参加这一届的欧洲杯。

正赛阶段,联邦德国队在半决赛以4∶2战胜南斯拉夫队,但在比赛中,率先打进两球的是南斯拉夫队,凭借海因茨·弗洛赫和迪特·穆勒的进球,联邦德国队艰难地在90分钟内扳平了比分,从而为自己多争取到30分钟的时间。

第三章　第一黄金时代

在加时赛中，迪特·穆勒再进两球，联邦德国队才打进了决赛。

虽然打进决赛的过程磕磕绊绊，统治力仿佛不如从前，但联邦德国队当然不想错过卫冕的机会。然而，在决赛场上面对捷克斯洛伐克队，联邦德国队再一次陷入两球落后的困局当中，迪特·穆勒和贝恩德·赫尔岑拜因在常规赛时间即将结束前，才帮助联邦德国队扳平比分。在这一次加时赛中，联邦德国队没有斩获进球，捷克斯洛伐克队同样没有，两支球队被迫以点球大战的方式决出胜负。前三轮，两支球队全部命中，第四轮，联邦德国队球员乌利·赫内斯罚丢，于是在捷克斯洛伐克队第五个出场的安东尼·帕年卡用勺子点球这种充满想象力的方式罚进之后，联邦德国队输掉了这场卫冕之战。

没有成功卫冕欧洲杯，实际上并不是一个让人多么意外的事情，从某种角度来说，联邦德国队还能进入决赛就已经是让人很惊讶的事情了。

毕竟贝肯鲍尔已经进入了职业生涯的暮年，即将退役，失去优秀球员的联邦德国队也不再像过去那么所向披靡。

在这种情况下，联邦德国队势必会遇到一场令人相当痛苦的失利，从而以此为出发点，重新出发，而这个特殊的节点，就是1978

德国队

年世界杯。

作为1974年世界杯冠军,联邦德国队无须参加预选赛就可以直接进入1978年世界杯正赛。

而在预选赛,民主德国队再一次继续着其让人失望,但也让人习惯的表现。在由民主德国队和奥地利队、土耳其队、马耳他队组成的小组当中,民主德国队取得了3胜3平的不败战绩。战绩还算不错,但不够出色,民主德国队只获得了小组第二,小组第一则被奥地利队获得,民主德国队再次无缘世界杯正赛。

1974年世界杯开幕之后,联邦德国队与波兰队、突尼斯队和墨西哥队被分在一起。

第一场比赛,联邦德国队就展现了从未有过的低迷状态,和波兰队0:0握手言和,虽然第二场比赛6:0大胜墨西哥队,但到了第三场比赛,联邦德国队又和突尼斯队战成0:0。

1胜2平的战绩,让联邦德国队只能以小组第二的身份晋级8强,这把其送到了对手为荷兰队、意大利队和奥地利队的第二阶段小组赛中。

1978年世界杯,赛制规则和1974年世界杯一致,常规的小组赛结束之后,8强球队还需要分成两个小组继续比拼,从而争夺进入决赛的名额。

第三章 第一黄金时代

就是在这个阶段,联邦德国队遭到了沉重的打击。

第一场比赛,联邦德国队就没能战胜意大利队,一场0∶0让其无功而返;第二场比赛,球队还是没能获胜,被荷兰队逼成了2∶2的平局。

两场平局过去,联邦德国队仅积2分,而都取得1胜1平的意大利队和荷兰队已经获得3分,联邦德国队要想获得小组第一,就必须在第三场战胜奥地利队,然后期望意大利队和荷兰队握手言和。

第一个条件可以主动去争取,第二个条件就只能听天由命了,然而联邦德国队最终连第一个条件都没能实现。

1978年6月21日,第三场比赛同时开打,联邦德国队球员鲁梅尼格在比赛第19分钟就取得了进球,让联邦德国队占据了先机。然而几分钟后,由于联邦德国队球员贝尔蒂·福格茨的乌龙球和奥地利队球员汉斯·克兰克尔的进球,奥地利队居然反超了比分。比赛第68分钟,赫尔岑拜因破门得手,将比分扳为2∶2。

第87分钟,带来胜利的第三球终于到来,但不属于联邦德国队,克兰克尔再进一球,让奥地利队获得了比赛的胜利。

另一场比赛,荷兰队2∶1战胜了意大利队,所以联邦德国队连参加季军赛的资格都没有获得,直接打道回府。

这场发生在阿根廷科尔多瓦的比赛,在联邦德国内部被称为

德国队

"科尔多瓦耻辱",足以说明这场失利多么让人失望。

于是在比赛结束后,主教练舍恩宣布辞职,当然了,这是他早在1978年世界杯开幕前就已经做好的决定,但除了主教练之外,这也是联邦德国队队长贝尔蒂·福格茨、埃里希·比尔、贝恩德·赫尔岑拜因和迪特·穆勒这几名球员在联邦德国队打的最后一场比赛。

很显然,这场比赛结束后,联邦德国队又开始了重建之旅。

◆ 知耻后勇再攀高峰

1978年世界杯结束后,尤普·德瓦尔接替了舍恩,成为联邦德国队的新任主帅。

在他的带领下,联邦德国队立刻找回了此前的状态。1980年欧洲杯预选赛,联邦德国队以不败的战绩通过了预选赛,6场比赛,其打出了4胜2平的战绩。

而民主德国队还是老样子,这一次其排在荷兰队和波兰队之后,还是没能晋级到欧洲杯正赛。

1980年欧洲杯,由于比赛规模的扩大,正赛也采用了小组赛的形式,而且借鉴了1974年和1978年世界杯的规则,两个小组赛的第

第三章 第一黄金时代

一名参加决赛,两个第二名则参加季军赛。

联邦德国队这一次与捷克斯洛伐克队、荷兰队和希腊队分在了一起,而且继续保持着不败的节奏。其先是以1∶0和3∶2的比分击败了捷克斯洛伐克队和荷兰队,随后以0∶0战平希腊队,稳健地获得小组第一,得以参加决赛。

联邦德国队在决赛中的对手是比利时队。只用了10分钟,霍斯特·赫鲁贝施就将比分改写为1∶0,为联邦德国队取得领先,接下来的时间,两支球队都尝试着取得进球,却都没能成功,直至比赛第72分钟,雷内·范德雷肯用点球帮助比利时队扳平比分。

就在比赛眼看要进入加时赛的时候,在比赛第89分钟,赫鲁贝施打进他在本场比赛的第二球,帮助联邦德国队第二次夺得欧洲杯冠军。

这个欧洲杯冠军,很好地冲淡了"科尔多瓦耻辱"带来的伤感,并且重新为联邦德国队注入了信心。

实际上,自从德瓦尔成为教练之后,联邦德国队就没有输过比赛,这种良好状态一直延续到了欧洲杯之后,直至1981年1月1日,联邦德国队参加为了纪念世界杯举办50周年而进行的一场足球锦标赛。

在这届友谊赛性质的比赛上,联邦德国队输给了阿根廷队,才使得自己自1978年以来的不败纪录被打破。

德国队

整个20世纪70年代，联邦德国队只有一个代名词——贝肯鲍尔。

在获得1966年的世界杯亚军之后，贝肯鲍尔带着一代又一代的联邦德国队球员冲击着欧洲杯和世界杯的高峰，最终在1972年和1974年做到了这一切。

在1972年欧洲杯上，贝肯鲍尔展现了自己作为球员的超强能力，在那个年代，像贝肯鲍尔这样扮演"自由人"这一战术角色的球员，才是最全面、最出色的球员。而在1974年世界杯上，贝肯鲍尔证明了自己在球员身份之外，同样是一个极佳的管理者，在那样的混乱中保持清醒的头脑都十分不易，更不用说把控住一支即将分崩离析的球队的方向了。

贝肯鲍尔做到了，于是联邦德国队取得了成功，而在贝肯鲍尔隐退之后，联邦德国队也陷入了短暂的沉寂，但很快重新回到了冠军的有力争夺者的位置。

这一切都证明了，联邦德国队的确是世界足坛上一股完全不能忽视的力量，不管其处于什么样的位置和状态。

接下来的10年，联邦德国队将继续证明这一点，贝肯鲍尔也将继续活跃在这个舞台上。

第四章

第二黄金时代

联邦德国队赢下了比赛,第三次夺得世界杯冠军,还成为第一支在世界杯决赛中战胜南美球队的欧洲球队。

——引语

德国队

◆ 顶级豪门决赛常客

凭借20世纪70年代的最差战绩也是世界杯8强,以及1980年欧洲杯新科冠军的身份,联邦德国队毫无悬念地成为1982年世界杯冠军的有力竞争者。

在预选赛阶段,联邦德国队就延续了自1980年来的强势表现,8场比赛取得全胜,而且只丢掉了3球,完全没有将同组的奥地利队、保加利亚队、阿尔巴尼亚队和芬兰队放在眼中,联邦德国队的目标显然在更遥远的前方。

民主德国队则受限于僵化的足球体系,依然无法有所突破。这一次的预选赛,民主德国队和波兰队、马耳他队分在一起,民主德国队只在对阵马耳他队时取得了胜利,然后又输给了波兰队,于是排在了4场全胜的波兰队之后,继续无缘国际大赛。

1982年世界杯小组赛,联邦德国队与奥地利队、阿尔及利亚队和智利队被分在一组。

联邦德国队在第一场比赛以1∶2输给了阿尔及利亚队,这一度引发了外界对它的担忧。但联邦德国队迅速调整,随后的两场比赛取得全胜，从而以2胜1负的战绩排在奥地利队之前，两队携手出线。

在对阵奥地利队的比赛中，随着霍斯特·赫鲁贝施攻入了联邦德国队想要的进球，而奥地利队也不担心自己的出线名额被阿尔及利亚队抢走之后，两支球队在场上的表现一度很是消极。双方都在中场来回传球，而不打算向对手的球门发起进攻，这在赛后引发了外界对两支球队的批评。

在这个小插曲过后，联邦德国队恢复了自己应有的水准。

这一届世界杯，在常规的小组赛结束之后，12支球队晋级到下一轮小组赛。12支球队分成4组，每组3支球队，小组第一名晋级到4强。

联邦德国队和英格兰队、东道主西班牙队被分在一组。第一场比赛，联邦德国队和英格兰队战成0∶0；第二场比赛，联邦德国队在马德里的伯纳乌球场以2∶1的比分战胜了东道主西班牙队，皮埃尔·利特巴尔斯基和克劳斯·费舍尔帮助联邦德国队取得了胜利。

两场比赛结束之后，联邦德国队拿到了1胜1平的战绩，接下来球队只能等待西班牙队和英格兰队之间的比赛结果。最终两支球队互交白卷，从而让联邦德国队获得了小组第一，成功晋级4强。

半决赛，联邦德国队遭遇到了实力强大且拥有阿兰·吉雷瑟、

德国队

让·蒂加纳和米歇尔·普拉蒂尼的法国队，于是在塞维利亚的拉蒙·桑切斯·皮斯胡安球场，双方奉献了一场极为激烈的比赛。

比赛第17分钟，利特巴尔斯基帮助联邦德国队取得了比分的领先，9分钟后，普拉蒂尼通过点球，将比分扳平。

此后的时间里，两支球队都未能再次取得进球，但比赛过程依然相当激烈。下半场比赛，联邦德国队门将托尼·舒马赫在扑救时用膝盖撞倒了法国队球员帕特里克·巴蒂斯通，后者在遭受重击后立刻失去了意识，赛后检查发现他失去了三颗牙齿，下颚粉碎性骨折。

由于巴蒂斯通本身就是替补登场的球员，这一意外让法国队被迫再次换人，也让法国队在比赛末段陷入了困局。加时赛开局阶段，法国队很快就打进两球，以3∶1的比分重新领先，但联邦德国队通过鲁梅尼格和费舍尔的进球扳平比分，比赛由此进入了残酷的点球大战。

在点球大战中，除了乌利·施蒂利克之外，其余球员全部为联邦德国队罚入了点球，而法国队的迪迪埃·西克斯和马克西姆·博西斯都未能命中，这让联邦德国队惊险地闯入了决赛。

在马德里举行的决赛上，联邦德国队需要在对阵意大利队的比赛中证明自己，然而在如此艰苦的一场半决赛过后，联邦德国队的体能也损失良多，这使得在决赛上联邦德国队没能达到自己应有的强度。

于是，这届世界杯属于意大利队。在上半场两队互交白卷之后，意大利队在下半场立刻掀起进攻浪潮，保罗·罗西、马尔科·塔尔德利和亚历山德罗·阿尔托贝利分别打进一球，帮助意大利队创造了三球领先的局面。比赛第83分钟，保罗·布莱特纳才帮助联邦德国队打进一球，挽回了球队的颜面，但最终也输掉了这场决赛。

◆ 王者归来新决策者

1980年欧洲杯冠军，1982年世界杯亚军，这样的成绩能让绝大多数联邦德国队球迷感到满意，而对于球队来说，其与大力神杯的距离也仅有一步之遥。

然而，当时的很多人都没有想到，在接下来的1984年欧洲杯，联邦德国队的征途一波三折。预选赛阶段，联邦德国队与北爱尔兰队、奥地利队、土耳其队和阿尔巴尼亚队分在了同一个小组，联邦德国队看起来晋级并没有难度。但在这一届欧洲杯预选赛中，北爱尔兰队表现极为出色，其在第一场比赛就以1∶0的比分击败了联邦

德国队

德国队,给了后者一记出乎意料的重拳。

联邦德国队在接下来取得了两连胜,但在客场对阵奥地利队的比赛中,联邦德国队在整整90分钟内都没有收获进球,被迫接受一场0∶0的平局。

此后的联邦德国队再度获得两连胜,当在主场对阵北爱尔兰队的完美复仇机会到来时,联邦德国队不仅再次错失,而且还被北爱尔兰队以0∶1击败。

输掉这场比赛后,联邦德国队需要在最后一场比赛击败阿尔巴尼亚队,才能以净胜球优势晋级1984年欧洲杯正赛。

在比赛中,阿尔巴尼亚队也给联邦德国队带来了麻烦。比赛第22分钟,阿尔巴尼亚队率先进球,虽然联邦德国队在1分钟后就快速扳平比分,但迟迟无法打进制胜球。直至第79分钟,格尔德·施特拉克才帮助联邦德国队打进第2球,艰难地赢下了这场比赛,获得了欧洲杯正赛名额。

当然了,这样的战绩对于民主德国队来说,仍然是难以企及的高度,其还是没能从预选赛中突围出来。

在这样飘忽不定的表现下,联邦德国队在欧洲杯正赛的状态自然也好不到哪里去。

小组赛阶段,联邦德国队与西班牙队、葡萄牙队和罗马尼亚队分到一组。第一场比赛，联邦德国队就没能战胜葡萄牙队；第二场比赛以2∶1击败罗马尼亚队；第三场比赛对阵西班牙队，联邦德国队还是在进球环节遭遇了困难，在比赛的第90分钟，西班牙队球员安东尼奥·马塞达打进一球，成为这场比赛的唯一进球。

3场比赛，联邦德国队只收获了1胜1平1负的战绩，没能从小组出线，创造了其自1972年欧洲杯以来在这项赛事上的最差战绩。

创造了令人耻辱的纪录，就需要有人负责。

1984年欧洲杯结束之后，主教练德瓦尔的任期结束了，联邦德国足协在考察了诸多人选之后，最后决定将球队交到一个无比熟悉这支球队的人的手上。

这个人就是贝肯鲍尔。

由于当时的贝肯鲍尔还没有教练资格证，因此联邦德国足协为贝肯鲍尔安排了"球队经理"的角色，然后为贝肯鲍尔提供一名有执照的教练员作为助理教练，这名助理教练的名字会出现在官方比赛文件的主教练一栏上，但每一个人都知道，贝肯鲍尔才是真正的决策者。

贝肯鲍尔的职责并不轻松，因为他必须快速证明自己适合这个岗位，并且带领联邦德国队触底反弹。

1986年世界杯预选赛为他提供了一个相当好的机会。

在这一届预选赛上，联邦德国队的表现实际上仍然有些飘忽不

德国队

定，8场比赛取得了5胜2平1负的战绩。其中2∶2战平瑞典队，0∶1不敌葡萄牙队，以及和捷克斯洛伐克队打成2∶2的平局，这都是不够好的表现。但即便如此，这一次的联邦德国队没有遇到强有力的对手，所以这样的战绩也足够使其取得小组第一了。

至于民主德国队，其表现一如往常，这一次球队排在法国队和保加利亚队之后，还是没能晋级世界杯正赛，但对于这支球队来说，这样的苦日子终于快要结束了。

不是因为民主德国队的实力增长了，而是因为世界即将发生变化了。

◆ 痛定思痛终将爆发

1986年世界杯开幕之后，联邦德国队还没有准备好。

在小组赛对手为丹麦队、乌拉圭队和苏格兰队的情况下，联邦德国队第一场比赛以1∶1艰难战平乌拉圭队，第二场比赛以2∶1战胜苏格兰队，但这场胜利没能让联邦德国队立刻走上正轨，球队随后在第三场比赛以0∶2不敌丹麦队。

3场小组赛，联邦德国队获得了1胜1平1负的战绩，只得以小组第二的身份晋级16强。

虽然小组赛打得不够好，但联邦德国队在1/8决赛的对手并不强，摩洛哥队本来是一个很好对付的对手，但联邦德国队在这场比赛中打得还是非常艰难，比赛第88分钟，洛塔尔·马特乌斯才帮助联邦德国队取得进球，从而以1∶0的小胜击败对手，晋级8强。

而在1/4决赛，剧情走向和上一届世界杯非常类似。

面对墨西哥队，联邦德国队还是在进球方面遇到了非常大的困难，墨西哥队也没什么办法突破联邦德国队的防守，于是在120分钟结束后，两支球队只能以点球大战来分出胜负。

到了这时，联邦德国队才发挥出了其稳定的优势，点球全部罚中，所以出现失误的墨西哥队输掉了比赛，联邦德国队得以进入下一轮。

到了半决赛，联邦德国队的状态终于回暖，凭借安德烈亚斯·布雷默和鲁迪·沃勒尔在比赛开局和末尾的进球，联邦德国队以2∶0的比分击败法国队，再次来到了世界杯决赛的舞台上。

是的，1986年世界杯中的联邦德国队就是在这种磕磕绊绊的状态下，最终来到了决赛的舞台之上，球队有潜力发挥出更高的水准，但决赛的胜者，大多数时候都是临场竞技状态更好的那一方。

1986年世界杯，是属于马拉多纳和阿根廷队的，即便如此，联

德国队

邦德国队也成为一个相当出色的对手。

在决赛场上,阿根廷队在何塞·路易斯·布朗和豪尔赫·巴尔达诺的进球帮助下,一度形成了2∶0领先的局面,但在比赛第73到第81分钟的这8分钟之内,鲁梅尼格和沃勒尔的进球将比分扳平,逼迫阿根廷队必须再次主动出击。

最终在比赛第84分钟,豪尔赫·布鲁查加打进了阿根廷队的第3球,这一球为阿根廷队带来了冠军,也为场边的观众带来了一场精彩的世界杯决赛。

虽然距离世界杯冠军差了一步,但贝肯鲍尔带来的改变是显而易见的,联邦德国队的战术体系更加成熟,战术配合严丝合缝,就如同一辆钢铁战车,弱点隐藏在坚硬的铠甲之下,给人带来无限的安全感。

基于这一点,再加上贝肯鲍尔在球员时期就展现出来的管理才能,联邦德国足协和贝肯鲍尔都愿意继续合作下去,以备战1988年在联邦德国举办的欧洲杯。

作为东道主球队,联邦德国队这一次不需要参加预选赛,而且作为1982年和1986年的世界杯亚军得主,联邦德国队自然被视为夺冠的热门球队之一。

而民主德国队,其历史上最后一次参加欧洲杯预选赛,依然没有获得晋级的机会。球队在预选赛中与苏联队、法国队、冰岛队和挪威队分在同一个小组，结果排名在苏联队之后，无缘参加这一届在联邦德国举办的欧洲杯。

作为东道主球队，联邦德国队没有给自己抽到一个好签。

小组赛阶段，联邦德国队落入了对手为意大利队、西班牙队和丹麦队这个实力强劲的小组当中。在揭幕战上，主场作战的联邦德国队就不得不和意大利队战成平局。

不过此后的两场比赛，联邦德国队都以2∶0的比分，相继战胜了丹麦队和西班牙队，从而和意大利队一样，都以2胜1平的战绩从小组中顺利出线，晋级4强。同时联邦德国队以净胜球更多成为小组第一。

半决赛，联邦德国队遇到了荷兰队。虽然联邦德国队在第55分钟凭借马特乌斯主罚的点球取得领先，但荷兰队在第74分钟也通过点球扳平比分，进球的是罗纳德·科曼。就在两支球队都已经准备好进行加时赛时，比赛第88分钟，荷兰队前锋球员范巴斯滕利用联邦德国队门将尤尔根·科勒注意力不集中的时机，攻入了制胜一球，从而帮助荷兰队以2∶1的比分战胜了联邦德国队。

在主场举办的国际大赛上未能取胜，这深深地刺痛了贝肯鲍尔、联邦德国队的球员和球迷。

德国队

1986年世界杯亚军、1988年欧洲杯四强,联邦德国队打出的成绩固然不错,而且证明了自己具备争冠的能力,但很显然,球队也需要进步。

正是这种期待所带来的压力,让贝肯鲍尔和球员痛定思痛,为接下来的1990年世界杯做好了准备,但在预选赛,球队的表现依然饱受诟病。

◆ 王者之师荣誉巅峰

1990年世界杯预选赛,联邦德国队在小组赛阶段遇到了荷兰队、芬兰队和威尔士队。很显然,在1988年欧洲杯上击败联邦德国队的荷兰队就是最大且唯一的对手,但在主、客场都未能击败荷兰队的情况下,联邦德国队还在客场被威尔士队逼平,即便剩余三场比赛全胜,联邦德国队也只能排名小组第二。

万幸的是,该届预选赛有三个拥有四支球队的小组,联邦德国队的成绩比其他两组的第二名都要好,最终球队以这样的方式晋级1990年世界杯正赛。

民主德国队也参加了其历史上的最后一次世界杯预选赛,但就和历史上的绝大部分情况一样,这支球队的征程依旧停留在预选赛。

在成绩方面,民主德国队在同组的五支球队中仅排名第四,落后于苏联队、奥地利队和土耳其队。但在1989年,球队的成绩已经不是民主德国队球迷最关心的事情了,政治形势上的动荡,导致球员几乎无心比赛,最终就这样结束了民主德国队在世界杯上的历史。

1990年世界杯,比赛规模扩大到了24支球队,所以为了决出16强,小组赛的晋级难度有所降低——在6个小组当中,4个成绩最好的小组第三名也可以晋级。

在这样的情况下,强队在小组赛阶段有了更多的调整空间,就像联邦德国队,它这一次的小组赛对手是南斯拉夫队、哥伦比亚队和阿拉伯联合酋长国队。

三场比赛,联邦德国队取得了2胜1平的战绩。唯一的平局出现在小组赛第三轮,已经稳获出线名额的联邦德国队以1∶1和哥伦比亚队握手言和,后者也成为4个成绩最好的小组第三名之一,顺利晋级到了16强。

不过,小组赛的难度稍有降低,由此带来的结果就是多了一轮事关生死的淘汰赛。

1/8决赛,联邦德国队又遇到了荷兰队。两支球队在过去几年的

德国队

频繁较量，让球员之间有了很深的仇敌情结，于是，这些情绪成为比赛的看点。

22分钟后，沃勒尔和里杰卡尔德发生冲突，从而被裁判双双罚出场外，两支球队都只能以十人应战。到了下半场，比赛才开始分出胜负。

第51分钟，克林斯曼为联邦德国队取得领先，布雷默则在比赛还剩8分钟的时候再进一球，让联邦德国队获得了晋级的主动权。比赛第89分钟，科曼的点球将比分缩小到2∶1，但联邦德国队最终还是赢下了比赛，为其在1988年欧洲杯上输给荷兰队报了"一箭之仇"。

虽然淘汰赛的强度陡然提高，但联邦德国队已经准备好了。

1/4决赛，联邦德国队遇到了捷克斯洛伐克队，这场比赛的难度不是很大，联邦德国队没有遇到太大的挑战，只是没有收获太多的进球，最终依靠马特乌斯在比赛第25分钟罚入点球，1∶0战胜了对手。

半决赛上，联邦德国队再遇强敌，英格兰队想要成为它的拦路虎。这场比赛的上半场，双方互交白卷，但到了比赛末段，比赛开始变得激烈起来。比赛第60分钟，布雷默通过任意球射门取得比分的领先；英格兰队则在常规时间还剩10分钟时扳平了比分，加里·莱因克尔拯救了英格兰队，常规时间的比赛以1∶1的比分结束。进入加时赛之后，双方创造了更多的机会，并且都击中了球门的立柱，但并没有改写比分，让比赛不得不进入点球大战。

在点球大战当中，联邦德国队展现了比英格兰队更稳定的心态，四罚全中，从而以4∶3战胜英格兰队，再次打入世界杯决赛，成为第一支连续三次闯入世界杯决赛的球队。

联邦德国队在决赛的对手，还是在1986年世界杯决赛上的对手阿根廷队。

相较于联邦德国队，阿根廷队在这场决赛前的心理压力更大。

由于遭受了伤病和停赛的影响，阿根廷队在决赛上无法派出实力最强的阵容，所以在比赛中，也无法给联邦德国队制造防守上的困难，其所能做的就是抵御联邦德国队的进攻，有时甚至要以犯规的方式来做到这一点。

于是，这一届世界杯决赛也被认为是质量最低的世界杯决赛之一。比赛第65分钟，阿根廷队球员佩德罗·蒙松就因对克林斯曼犯规而被罚下场，20分钟过后，阿根廷队球员在防守时犯规，为联邦德国队送上了点球的机会，布雷默一击即中，打进了全场的唯一进球。

比赛最后时刻，阿根廷队球员古斯塔沃·德佐蒂也被红牌罚下，这使得球队完全没有了扳平比分的可能性。联邦德国队赢下了

德国队

比赛，第三次夺得世界杯冠军，还成为第一支在世界杯决赛中战胜南美球队的欧洲球队。

成功复仇阿根廷队，同时又拿到了球队历史上的第三座世界杯冠军奖杯，联邦德国队球员都非常开心，一遍遍地绕场庆祝。但在同一时间，继马里奥·扎加洛之后，第二位能以球员和教练的身份赢得世界杯冠军的贝肯鲍尔却独自陷入沉思。

赢得世界杯后，贝肯鲍尔获得了联邦德国足协为他颁发的荣誉教练执照，但他也成为第一个在赢下世界杯决赛后辞职的球队主教练。

◆ 德国足球正式归来

在那个特殊的时间节点，贝肯鲍尔的辞职并没有成为热点，因为在当时，发生了比他辞职更大的变动。

在1989年11月9日柏林墙倒塌之后，民主德国的政治制度迅速崩溃，联邦德国和民主德国开始商讨统一事项，而且这一进展比预想中的速度快得多，1990年10月3日，德国完成了统一。

德国统一之后，民主德国足协自然也不复存在，并入了统一之后的德国足协，民主德国队的历史也被彻底终结。

建队近40年，民主德国队唯一在国际大赛中的亮相是在1974年世界杯上，唯一拿得出手的战绩也只是在那届世界杯上击败了联邦德国队。相较于世界杯、欧洲杯这样的国际大赛，民主德国队更愿意把自己的重心放在奥运会的足球赛事上，其曾经夺得了1976年蒙特利尔奥运会的足球赛事金牌，这是民主德国队历史上最伟大的成功，但由于国际足联对奥运会足球赛事的特殊规定，这些成功都没有太大的意义。

不过对于德国来说，统一便是最大的意义。

从1992年欧洲杯开始，球队便能以"德国队"这一名称来参加国际大赛，不过在这一届欧洲杯预选赛抽签时，德国还没有统一，联邦德国队和民主德国队被分到了同一小组，小组内还有威尔士队、比利时队和卢森堡队。

预选赛进行期间，两德逐渐完成了统一，但由于民主德国队与比利时队的比赛门票已经出售，所以这场比赛照常举行，但改为了友谊赛的性质，这也是民主德国队历史上的最后一场国际比赛。

统一之后，民主德国队的剩余赛程被正式取消，成绩也作废，联邦德国队的赛程和成绩则改在更名后的德国队名下。

德国队

在这个小组当中,德国队最终取得了小组第一的成绩,6场比赛5胜1负,只在客场输给了威尔士队。

德国统一之后,德国队的人才库也大大扩充,尽管民主德国队的成绩一般、足球体系也不健全,但在德国东部,依然有相当不错的球员可供德国队选择。

马蒂亚斯·萨默尔就是其中的一位。

在贝肯鲍尔辞职之后,福格茨接过了德国队主教练一职,在1992年欧洲杯开始之前,他便开始考察几位此前为民主德国队踢球的球员。1990年12月19日,在对阵瑞士队的友谊赛上,德国队以4∶0取得胜利,在比赛中,福格茨派上了萨默尔,使他成为第一位为德国队效力的前民主德国队球员。

因为他的出色表现和能力,福格茨也将其选入了德国队1992年欧洲杯大名单当中。

1992年欧洲杯,统一之后的德国队第一次亮相国际大赛正赛,球队得到了全德国的支持。

不过在小组赛阶段,全新的德国队表现一般,第一场比赛便1∶1战平独联体队。

第二场比赛,德国队才找到状态,以2∶0战胜弱旅苏格兰队。然而在第三场比赛,德国队却以1∶3的比分输给了荷兰队。

第四章　第二黄金时代

三场小组赛，全新的德国队仅仅取得1胜1平1负的平庸战绩，只好以小组第二的身份参加淘汰赛。

半决赛上，德国队的对手是瑞典队。

与东道主球队的比赛当然不好打，而且德国队在比赛当中的表现依然不佳。虽然凭借托马斯·哈斯勒和卡尔-海因茨·里德尔的进球，德国队一度建立了2∶0的领先优势，但在第64分钟，球队奉上点球大礼，让瑞典队追回一分。

比分变为2∶1，东道主球队立刻有了创造奇迹的动力。此后的德国队只好见招拆招，实力突出的德国队还是在比赛第88分钟再进一球，正当其觉得可以松一口气的时候，瑞典队打进了第2球，再度追近比分。

最后时刻，德国队勉力支撑，终于等到了比赛结束的哨声。

如此这般的状态，本来就不足以支撑德国队夺得冠军，但当其看到决赛的对手是丹麦队的时候，德国队球员又看到了夺冠的希望。

在决赛开打之前，德国队普遍被外界看好，但随着比赛的进展，德国队并没有足够出色的表现，丰富的决赛经验也没有帮到球队。最终在约翰·詹森和金·维尔福特的进球之后，丹麦队以2∶0的比分击败了德国队，后者结束了以德国队名义参加的第一届国际大赛。

德国队

◆ 又是来到低谷边缘

德国队在1992年欧洲杯上的糟糕表现,如果还能以政治动荡作为借口,那么到了1994年世界杯,德国队就没有借口可找了。

1994年世界杯,德国队以1990年世界杯冠军的身份直接参加正赛,从而让福格茨有大把的时间来挑选队员、磨合战术,然而到了正赛阶段,德国队的表现依然不够稳定。

第一场比赛1∶0战胜玻利维亚队,德国队为自己开了一个好头;然而第二场比赛1∶1战平西班牙队,德国队就不得不令人担心了;至于第三场比赛3∶2险胜韩国队,可以说德国队除了结果,就没有亮点。

三场小组赛结束之后,德国队以小组第一的身份晋级16强,但小组赛的表现也让很多德国队球迷没有特别充足的信心。

1/8决赛,德国队的对手是比利时队。

与对阵韩国队时的境况类似,德国队率先打破了比分的僵局,沃勒尔在比赛第6分钟的进球就让德国队取得了领先,但仅仅2分钟后,比利时队球员乔治·格伦就扳平了比分,这一切也预示着这不

第四章 第二黄金时代

会是一场简单的比赛。

比赛第11分钟,克林斯曼的进球让德国队再度超出比分,沃勒尔则在上半场结束前打进了德国队的第3球,看起来杀死了比赛,然而在比赛临近结束时,比利时队再入1球,将比分变为2∶3,让德国队在比赛最后时刻重新紧张起来,但这并没有影响最后的结局。

晋级8强后,德国队接下来的对手是保加利亚队,后者在这之前的世界杯历史上从未晋级8强,此役面对强大的德国队,外界都不看好保加利亚队的前景,然而德国队却"帮助"其创造了历史。

上半场比赛,两支球队互交白卷,下半场一开始,德国队就加强了进攻,并制造了一个点球机会,马特乌斯将其罚中。正当德国队满足于这一球优势的时候,保加利亚队在3分钟内连进两球,逆转了比分,这迫使德国队重新组织进攻,但保加利亚队早已做好了抵御的准备,最终将德国队淘汰出局。

这是自1978年世界杯以来,德国队首次未能进入世界杯的4强。

德国统一之后,球队的表现却屡屡让人失望,这是当时的德国队球迷不能接受的一点,于是媒体将德国队在1992年欧洲杯和1994年世界杯上失利的责任推到了主教练福格茨的头上。

和富有魅力的前任贝肯鲍尔相比,福格茨和媒体的关系一直处于比较紧张的状态,这也使得他在德国队球迷的心中没有多高的位

德国队

置。在1994年世界杯失败之后,福格茨一度想要辞职,但在时任德国总理赫尔穆特·科尔和德国足协主席埃吉迪乌斯·布劳恩的声援下,福格茨才收回了这一想法。

他在接下来的日子中,将会获得证明自己的机会,但随着贝肯鲍尔的离队和德国足球人才的凋零,成绩下滑的趋势注定是难以阻挡的。

德国队即将迎来历史上少见的低谷,但在低谷到来之前,很多人还浑然不觉。

第五章
在低谷中前行

世纪之交的这十年,是德国队痛定思痛的十年。

——引语

德国队

◆ 暴风雨前夜的冠军

1994年世界杯过后，主教练福格茨在得到了高层的声援之后，决定为自己的德国队主帅生涯再努力一次。

在这种心态下，球员也受到了鼓舞，于是在1996年欧洲杯预选赛上，德国队展现了良好的状态。虽然其又遇到了保加利亚队，并且在客场以2∶3的比分输给了对手，但在剩余的9场比赛里，德国队取得了8胜1平的不败战绩，从而在这个对手为保加利亚队、格鲁吉亚队、摩尔多瓦队、威尔士队和阿尔巴尼亚队的小组中，以小组第一的身份晋级欧洲杯正赛。

正赛阶段，德国队的稳健状态还在持续，其在小组赛2∶0战胜捷克队、3∶0赢下俄罗斯队，奠定了出线的良好基础之后，和强大的意大利队互交白卷，战成平局。

1/4决赛，德国队遭遇克罗地亚队，球队的表现依然不错，克林斯曼在上半场先进一球，下半场克罗地亚队的达沃·苏克扳平比分后不久，萨默尔打进一球，帮助德国队以2∶1的比分晋级半决赛。

在这届由英格兰举办的欧洲杯上，德国队在半决赛上的对手恰恰是东道主英格兰队,但英格兰球迷巨大的声浪没有吓倒福格茨的球队,虽然德国队在半决赛开局便先丢一球,阿兰·希勒的进球让英格兰队球迷无比兴奋,但仅仅13分钟过后,斯特凡·昆茨就用进球让英格兰队球迷安静了下来,也让德国队稳住了心神。

此后的比赛,双方虽然都创造了一些进攻机会,但再也没有破门得分,比赛再次进入了德国队并不惧怕,但英格兰队相当忌惮的点球大战。

最终,德国队6罚全中,而英格兰队在第6轮出场的加雷斯·索斯盖特罚丢,从而让德国队进军决赛。

德国队在决赛的对手是捷克队,上半场比赛,两支球队都没有建树,比赛第59分钟,僵局才得以被打破。捷克队球员帕特里克·博格利用点球破门得分,让捷克队看到夺冠的希望,但在第73分钟,替补出场的德国队球员奥利弗·比埃尔霍夫完成进球,将比分扳平。

两队在90分钟内打成平局,双方进入加时赛。在加时赛第5分钟,比埃尔霍夫的射门创造了国际大赛历史上的第一个"金球",德国队从而利用"金球制"的全新规则直接战胜捷克队,拿到了1996年欧洲杯的冠军。

这一次,这支球队是作为一个统一的德国队拿到的冠军。

1996年欧洲杯,德国队展现了许久未见的强硬品质,比赛中几

德国队

乎没有陷入绝望的时刻,这有赖于主教练福格茨以强势的作风、强硬的态度锤炼、打磨这辆"钢铁战车",激发球员碾压一切的求胜欲望和无坚不摧的强烈信念,部分球员在接受采访时提到了这一点,门将科勒就表示:"在精神层面,我们就是一头头野兽。"

所以在取得1996年欧洲杯冠军之后,福格茨作为德国队主教练的声望达到了顶峰,这本该为德国队创造接下来的辉煌,然而强硬的管理风格,其实并不能持续足够长的时间,因为在取得荣誉之后,球员难免会出现松懈和自满的情绪,所以无法在更长的时间内包容主教练的强硬。

但是,福格茨就是这样的性格。

◆ 前所未有的失败者

所以在1998年世界杯预选赛阶段,德国队就出现了举步维艰的现象。

这一次预选赛,德国队与乌克兰队、葡萄牙队、亚美尼亚队、北爱尔兰队和阿尔巴尼亚队分到了一组。

德国队的开局其实相当不错,一场5∶1的大胜让球队上下都很振奋，但接下来战平北爱尔兰队、葡萄牙队和乌克兰队，让德国队的出线前景凭空出现了一片阴霾。

最后一场比赛之前，德国队仍然需要一场胜利才能确保自己能够以小组第一名的身份直接晋级，这种心理压力让德国队险些出现了问题。

最后一场比赛对阵阿尔巴尼亚队，德国队在压力之下发挥失常，上半场没能取得进球，而到了比赛第55分钟，德国队门将科勒出现失误，为阿尔巴尼亚队送上了乌龙球，也让比赛顿时变得紧张起来。

在接下来的比赛里，虽然托马斯·海尔默和比埃尔霍夫的进球让德国队实现了反超，但比赛的最后10分钟，阿尔巴尼亚队和德国队相继进球，在胜利就像乒乓球一般来回跳跃的场景下，比分最终定格在4∶3上，德国队惊险获得胜利。

以这样的状态征战1998年世界杯，德国队已经给自己的遭遇埋下了伏笔。

小组赛阶段，一切还算正常，德国队用2∶0的比分分别战胜了美国队和伊朗队，但在这之间又以2∶2战平了南斯拉夫队。

小组第一还在德国队手中，1/8决赛的对手墨西哥队的实力与其也有一定差距。但被对手先进一球，自己再打进两球实现逆转，这终

德国队

归是不够保险的获胜方式。

果然，在1/4决赛中，德国队遭遇了困难。

对阵克罗地亚队，德国队并不缺乏信心，但在比赛中的表现却全面失准。上半场比赛德国队就浑浑噩噩，结果在半场结束前被对手打进一球。下半场比赛，比分落后的德国队也没有多少好转，最终在比赛末段，被戈兰·弗劳维奇和达沃·苏克各打进一球，以0∶3的比分被克罗地亚队淘汰出局。

这样的结果，让福格茨在1996年欧洲杯上所取得的声望立刻消散。但世界杯结束之后，福格茨依然担任着德国队主帅，直至1998年9月的两场测试赛上他率领的德国队依然表现不佳，福格茨才选择了辞职。

他的继任者埃里希·里贝克，则引发了德国队更大的危机。

当时，德国队正处于新老更替的阶段，比如在1998年世界杯上取得进球的三位球员——克林斯曼、安德烈斯·穆勒和比埃尔霍夫，都已经是30岁以上的老将了，尤其是克林斯曼，他当时已经将近34岁了。

所以在这种情况下，德国队当时的主要任务其实应该是选拔、培养年轻球员，然而世纪之交期间，德国的年轻球员普遍实力一般，这也是老将们仍然活跃的一个重要原因。

正是因为这个矛盾,引发了德国队接下来的问题。

里贝克上任之后,他的第一个大动作是说服了已经37岁、临近退役的马特乌斯,将其继续保留在德国队的主力阵容当中。

这一举动颇具争议,里贝克也有自己的理由,所以一切只能靠表现说话。

2000年欧洲杯预选赛,作为上届欧洲杯冠军的德国队也需要参赛,球队与土耳其队、芬兰队、北爱尔兰队和摩尔多瓦队分在同一个小组。

在这个小组中,德国队并没有强劲的对手,所以出线不是难题,但在8场比赛当中,德国队取得了6胜1平1负的战绩,两场不胜都发生在对阵土耳其队的时候。

最后一场比赛,德国队与土耳其队战成0∶0,在慕尼黑的奥林匹克体育场内,土耳其队球迷比德国队球迷还多,所以情况相当不寻常。

德国队以小组第一的身份晋级2000年欧洲杯正赛,成绩方面没有什么可以挑剔的地方,但在表现上,即便是球队内部,对里贝克的批评声也始终存在。

大赛在即,德国足协无意换帅,所以德国队踏上了征程。

这注定是一届灾难般的欧洲杯,就连运气都不站在德国队这一

德国队

边。小组赛阶段，德国队与葡萄牙队、罗马尼亚队和英格兰队分在一组。

第一场比赛对阵理论实力最弱的罗马尼亚队，德国队只收获了一场1∶1的平局，这使得其必须在剩下的两场比赛里取得足够好的成绩，才能保证自己能够晋级淘汰赛。

然而，这一切做起来都不容易。

第二场比赛，德国队0∶1不敌英格兰队，将自己彻底逼上了绝路。而面对大幅轮换、没有路易斯·菲戈的葡萄牙队，德国队居然让葡萄牙队球员塞尔吉奥·孔塞桑上演了帽子戏法，最终以0∶3的比分输掉了比赛。

这三场比赛的结果是，德国队1平2负，排在小组倒数第一名，无缘淘汰赛。

这一届欧洲杯结束之后，失败的里贝克辞去了德国队主帅的职务。

然而，里贝克的离任并不能解决所有的问题，所以借着这次欧洲杯的失利，德国足坛开始了一场轰轰烈烈的大讨论。

德国队在2000年欧洲杯上的失败，表面上看起来是年轻球员的培养不力，实际上则是足球理念的全面落后。

年轻球员培养不力这一点很好解决，德国足协很快就在德国各

第五章 在低谷中前行

地建立青训基地,并且要求所有参加德甲的球队需要建设自己的青训学院,以此为德国足球培养未来的人才。

但想要让足球理念有所进步,势必需要一个刺激,才能驱使更多人重视这个问题。

◆ 泥泞前行中的惊喜

20世纪90年代末,当时德国足球在理念上的问题就是抱残守缺。

在贝肯鲍尔帮助德国足球在20世纪70年代取得成功之后,以他为代表的"自由人"的战术深入人心,诸多的德国俱乐部都采用了这一战术,哪怕在之后的洲际俱乐部赛事当中逐渐落后于其他国家的俱乐部,也没有人迈出革新的一步。

这一点体现在国家队层面,就是德国队聘任里贝克的时候,他已经61岁高龄了,而他所挽留的马特乌斯,也是临近退役的老将,这一切的背后仍是对"自由人"战术的盲目坚持。

所以在2000年欧洲杯预选赛期间,德国队和土耳其队成为仅有的两支仍在使用"自由人"这一被认为已经过时的战术体系的球队。

德国队

"自由人"战术已经过时,也不会再有能力突出的球员愿意在球场靠后的位置踢球,德国足球必须跟上其他国家的脚步,德国队才能重现辉煌。

但在这之前,这支球队当然要经历漫长的阵痛期。

里贝克离任后,曾经的德国队球员沃勒尔接任德国队主教练一职。由于沃勒尔也没有教练资格证,所以德国足协选任迈克尔·斯基贝协助沃勒尔的工作。

原计划当中,沃勒尔只是德国足协等待克里斯托夫·道姆与勒沃库森队的合同结束前的过渡主帅,但随着道姆陷入吸食可卡因的丑闻,德国足协只好让沃勒尔继续执教。

球队正在经历新老更替,主教练沃勒尔也是经验有限,所以外界普遍不看好德国队在2002年世界杯上的前景。

预选赛阶段,德国队就显得步履蹒跚,这一点也不让人意外。虽然球队在预选赛一度取得了四连胜的开局,但在第五场比赛,德国队在客场2∶2战平芬兰队。随后在第七场比赛,德国队在主场以1∶5的比分惨败于英格兰队,这一场失利几乎击溃了德国队,因为在最后一场比赛前,在打赢芬兰队就可以确保拿到小组第一的情况下,德国队在主场与芬兰队战成0∶0的平局。

结果在预选赛结束之后,德国队和英格兰队同积17分,德国队

第五章　在低谷中前行

因为净胜球少而排在小组第二名，只能去参加接下来的附加赛。

德国队在附加赛的对手是乌克兰队，首回合在客场，德国队只取得了1∶1的平局结果，这让球队相当紧张。但回到主场，德国队4∶1战胜乌克兰队，还是有惊无险地取得了2002年世界杯正赛名额。

在这两场附加赛，德国队迎来了其低谷时期的领军人物——巴拉克。

1976年出生的巴拉克，从小就在足球上展现出了天赋，不满22岁的时候就获得了德甲冠军，但他并不是在拜仁队这样的德甲豪门球队，而是在凯泽斯劳滕队。

1997—1998赛季，凯泽斯劳滕队上演了奇迹，作为新赛季刚刚升上德甲的升班马球队，凯泽斯劳滕队一路高歌猛进，在赛季末力压一众豪门，夺得了德甲冠军，第二个赛季还打到了欧冠的8强。

然而，如此优秀的一名中场球员，却在不满23岁时才第一次代表德国队出场，在2000年欧洲杯上的出场时间更是少得可怜。

不过在德国足球开始变革的当下，巴拉克通过在2002年世界杯预选赛中的表现，抓住了属于自己的机会。

2002年世界杯小组赛，德国队与爱尔兰队、喀麦隆队和沙特阿拉伯队分在一组。

德国队

由于预选赛时期的低迷表现，外界依旧不看好德国队，球迷也不认为这一届的德国队会打出多么出色的成绩，反倒是在这种环境下，开始新老更替的德国队压力很小，球员在沃勒尔的手下有了很多的发挥空间。

在小组赛阶段，德国队第一场比赛用8∶0的比分给沙特阿拉伯队上了一课，此后1∶1战平爱尔兰队，2∶0打败喀麦隆队，相对顺利地获得了小组出线的资格。

进入淘汰赛之后，德国队开始遇到一点难度。其在1/8决赛的对手是巴拉圭队，后者在比赛中打得相当顽强，让德国队直至比赛临近结束才打进制胜一球，奥利弗·诺伊维尔帮助德国队1∶0小胜晋级。

这样的状态，也一直持续了下去。

1/4决赛对阵美国队，德国队也只是以1∶0小胜晋级，这一次为球队打进制胜球的球员，正是巴拉克。

不过这场比赛同样有一些争议，美国队在第49分钟发动进攻，将球打在了托斯顿·弗林斯的手上，美国队要求裁判判罚点球，但裁判并不认为这是手球动作。

半决赛上，德国队遭遇东道主球队之一的韩国队，后者在本届世界杯依靠很多的争议判罚获利，从而先后淘汰了意大利队和西班牙队。然而在这场比赛中，德国队没有落入下风，在比赛第75分钟，巴拉克再次进球，帮助德国队再次以1∶0的比分取得胜利。

不过在这场半决赛当中，德国队还是付出了代价。

巴拉克在这场比赛中领到黄牌，导致其累计两张黄牌，需要停赛一场，而这一场比赛就是无比关键的世界杯决赛。这让巴拉克后悔不已，但德国队也只能遵守比赛规则。

巴拉克的禁赛，导致德国队在决赛中失去了自己的中场大将，这对球队来说无疑是极大的损失。

在对阵巴西队的这场决赛中，德国队虽然完全落于下风，但在比赛的上半场还是尽力守住了自己的球门，直至下半场末段，巴西队前锋球员罗纳尔多才打破比赛的僵局，让德国队以0∶2的比分输掉了比赛。

◆ 本土作战复苏开始

2002年世界杯打成这个样子，德国队球迷和德国足协其实都相当满意，毕竟在此之前，他们完全没有想到这样一支大部分球员都很平庸的球队能够闯入决赛。

于是，外界对沃勒尔的执教能力有了更多的期待，但却忽视了

德国队

球队的发展，尤其是年轻球员的成长并不会那么快。

2004年欧洲杯，作为2002年世界杯亚军的德国队依然表现不错，其在预选赛打出不败战绩，8场比赛取得了5胜3平的成绩，不过其中一场平局是在客场0∶0战平了冰岛队。

这场比赛的结果当然令人失望，德国媒体在赛后对沃勒尔和球队进行了大肆的批评，这引发了沃勒尔的愤怒，他直接发起反击，嘲讽批评者之一的德国电视一台的主持人瓦尔德马·哈特曼"喝了三杯小麦啤酒"，因此可以"轻易"对德国队进行负面报道。

沃勒尔后来为自己的言论公开道歉，但他依然不认为这些批评是客观的。很显然，德国队主教练可不好当，特别是在新老交替的困难时期。

然而媒体的批评并不会随着沃勒尔的一次震怒就烟消云散，他和球队依然需要不断地证明自己。

可惜的是，他们在2004年欧洲杯没有做到。

2004年欧洲杯，德国队与捷克队、荷兰队和拉脱维亚队分在同一个小组。

这一次德国队没有了2002年的稳健防守，这使得其进攻能力开始变得不够用了。

第一场小组赛，德国队就只以1∶1的比分战平荷兰队，弗林斯的进球本来让球队取得了领先，但在第81分钟，荷兰队前锋球员鲁德·范尼斯特鲁伊的进球让德国队只能接受平局结果。

第二场小组赛，德国队没有丢球，但也没有攻破拉脱维亚队的球门，所以德国队再次获得了一场平局，这使得其想要小组出线，就必须在第三场小组赛取得胜利。

第三场小组赛，德国队1∶2不敌捷克队，巴拉克在比赛第21分钟的进球没有挽救球队，德国队最终排名小组第三，无缘淘汰赛。

小组赛结束的第二天，沃勒尔宣布辞职。

在德国本土举办的2006年世界杯即将到来，这使得德国足协寻找新教练的任务更加艰巨。德国足协特别成立的"教练遴选委员会"发出的邀请遭到了多位名帅的拒绝，其中包括奥特马尔·希斯菲尔德、莫滕·奥尔森和阿尔塞纳·温格。

经过几周的寻找，同样是德国队前球员的克林斯曼终于接任了这个职位。

作为东道主球队，德国队无须参加预选赛，但德国需要承办2005年联合会杯。这项赛事由1992年开始举办的法赫德国王杯改制而来，作为1996年欧洲杯冠军，德国队本该在1997年就参赛，但德国足协不愿增加球员负担，此前拒绝参赛，最后象征性地派出了一支名义上是德国队，但实际上由替补和年轻球员组成的球队。

德国队

为了下一届世界杯的举办，联合会杯更多是为了东道主测试球场，所以德国队也参与了2005年联合会杯。

在这一届联合会杯上，德国队在小组赛先是以4∶3战胜了澳大利亚队，3∶0战胜了突尼斯队，随后便和阿根廷队打成了2∶2的平局。

从这个小组出线之后，德国队碰上了2002年世界杯决赛的对手——巴西队，三年过后德国队略有长进，以2∶3的比分输给了巴西队。

随后，德国队在季军赛上，以4∶3的比分战胜了墨西哥队，获得了季军。

严格来说，联合会杯并无太大的实际意义，其友谊赛的性质更为浓厚。

然而在这届联合会杯上，外界看到了克林斯曼的德国队：进攻出色，但防守虚弱。德国队一共打了5场比赛，丢掉了11球，这非常符合克林斯曼所欣赏的攻势足球的定义。

所以在2006年世界杯开赛前，外界对德国队的夺冠前景相当悲观。克林斯曼则对此不以为然，他始终强调德国队的目标是在本土成为世界杯冠军。

在2006年世界杯揭幕战上，德国队展现了克林斯曼想要的进攻，打进了4球，但也展现了后防的虚弱，被哥斯达黎加队打进了2

球,此后两场小组赛,德国队在防守方面有些进步,分别以1∶0和3∶0的比分战胜了波兰队和厄瓜多尔队。

顺利晋级淘汰赛之后,德国队的第一个对手是瑞典队,前者继续着自己面对弱队时的稳健表现,以2∶0的比分赢下对手,晋级8强。

1/4决赛,德国队开始面对阿根廷队这个强敌,后者的组织核心胡安·罗曼·里克尔梅的出色表现给观众留下了深刻的印象,但在120分钟内,双方都只打进了一球,而且德国队是扳平比分的一方。

点球大战,德国队延续着自己在12码点前的优势,四罚全中。门将延斯·莱曼的两次扑救,让他成为德国队的英雄,最终德国队在点球大战中以4∶2获胜。

德国队不知不觉走到了半决赛,抱持着不看好的态度的德国队球迷也开始有所希望。但在半决赛上,德国队遇到了历史上便以防守著称的意大利队,所以在常规时间内两支球队都没有取得进球。进入加时赛之后,就在比赛即将进入伤停补时阶段的时候,意大利队凭借法比奥·格罗索和德尔·皮耶罗的进球,终结了德国队的夺冠梦想。

世纪之交的这十年,是德国队痛定思痛的十年。

1990年世界杯冠军、1996年欧洲杯冠军,都已经成为过去,尤

德国队

其是让这支球队引以为傲的"自由人"战术,也在无比沉重的打击下,不得不将其束之高阁。

新世纪的足球,已经完全变了样子,德国足球没有跟上,落在了后头,但只要德国足球发现了自身的不足,并且具备改正的决心,以德国人的严谨一定会将德国队拼装出一辆全新的"战车",从而重新启动,开足马力,驶向更远的前方。

如此一来,痛苦就不会只是痛苦,也会成为前进的动力。

第六章

第三黄金时代

德国队第四次夺得世界杯冠军，也是自德国统一以来的首个世界杯冠军。

——引语

德国队

◆ 新的时代新掌舵者

尽管克林斯曼在2006年世界杯打出了外界没有预料到的成绩，但克林斯曼并没有选择续约，这一次德国队无须费心选帅，直接将他的助理教练尤阿希姆·勒夫提拔为了主教练。

勒夫的第一份合同时间只到2008年夏天，这意味着他需要用2008年欧洲杯上的成绩，来为自己赢得延长合同的机会。

这一点对他来说难度不大，因为作为助教，他已经和德国队球员足够熟悉，而且在克林斯曼的教练组当中，勒夫就负责战术设计，所以几乎没有什么动荡，德国队很顺畅地切换到了勒夫的治下。

这一点，从成绩上也可以证明。

2008年欧洲杯预选赛，德国队与捷克队、爱尔兰队、斯洛伐克队、威尔士队、塞浦路斯队和圣马力诺队分在同一个小组。

预选赛开始之后，德国队从第一场比赛就开始保持不败的战绩，直至第十场，才在主场以0∶3不敌捷克队，而在输球之前，德国队就已经锁定了小组出线的名额。

第六章 第三黄金时代

虽然德国队在预选赛没有获得小组第一、排在捷克队之后，但德国队的战绩相当稳定，表现也有所提升。在巴拉克等人的庇佑下，卢卡斯·波多尔斯基、施魏因施泰格、菲利普·拉姆等年轻球员进步飞速，很快就成为德国队不可或缺的主力球员。

在2008年欧洲杯开始之前，德国队球员昂扬向上，充满了争夺冠军的斗志。

然而，教练和球员都需要经历失败的磨炼。

小组赛阶段，德国队走得就有些踉跄。第一场比赛，凭借波多尔斯基的两个进球，德国队2∶0顺利战胜波兰队；然而第二场面对克罗地亚队，波多尔斯基继续进球，但却1∶2不敌对手；于是在压力之下，第三场比赛德国队发挥飘忽不定，最终依靠巴拉克的任意球进球才惊险过关，1∶0赢下了奥地利队。

进入8强之后，德国队的第一个对手是克里斯蒂亚诺·罗纳尔多带领的葡萄牙队，两支球队上演了进球大战。施魏因施泰格和克洛泽各进一球，努诺·戈麦斯帮助葡萄牙队追回一球，随后巴拉克打进一球，德国队再度获得两球优势。而在比赛末段，埃尔德·波斯蒂加帮助葡萄牙队再追一分，比分定格在3∶2。

如此惊险的胜利，已经预示了德国队的不稳定，这支球队的确是出色的队伍，但从冠军的角度来看，其还不够格。于是在半决

德国队

赛,德国队和土耳其队又打出了一场3∶2,这次率先进球的是土耳其队,而且在第86分钟,土耳其队将比分扳成了2∶2,拉姆在第90分钟的进球,才帮助德国队绝杀晋级。

两场3∶2,对德国队的体能和心态都是一种消耗,反倒是德国队在决赛的对手——西班牙队,半决赛以3∶0的压倒性优势,轻而易举获得了胜利。

所以在决赛开打之前,两支球队就已经分出了高下,尽管这是德国队第六次闯进欧洲杯决赛,经验比西班牙队丰富很多,但是在比赛第33分钟费尔南多·托雷斯帮助西班牙队取得领先之后,德国队并没有创造出太多的机会,比赛就这样结束了。

虽然和2002年世界杯一样,德国队再一次闯入决赛却没能夺冠,但德国队的表现还是收获了肯定,尤其是成长起来的年轻球员得到了外界的赞许。

于是,勒夫获得了更长时间的合同,德国队就此进入了他的时代。

有了成绩作为基础,勒夫的改革更加大刀阔斧,虽然在2010年世界杯预选赛期间,巴拉克的参与程度仍然很深,也帮助德国队在与俄罗斯队、芬兰队、威尔士队、阿塞拜疆队、列支敦士登队的竞争中取得8胜2平的不败战绩,以小组第一的成绩晋级世界杯正赛,但在世界杯开赛之前，巴拉克在俱乐部赛场受伤，这让勒夫有了不带他参加世界杯的正当理由。

而在2010年世界杯，勒夫开始依靠更年轻的球员。

从2000年欧洲杯失败算起，经过近10年的积累，德国足球的青训成果终于展现。

在2008年和2009年举办的欧洲青年足球锦标赛上，德国17岁以下、19岁以下和21岁以下三个年龄段的青年队都获得了冠军，这给勒夫的德国队提供了源源不断的后备军力量。

于是在2010年世界杯上，勒夫招入了曼努埃尔·诺伊尔、热罗姆·博阿滕、萨米·赫迪拉、托马斯·穆勒等大量年轻球员，从而组建了德国队自1934年世界杯以来最年轻的世界杯阵容，平均年龄不到25岁。

正是在这样的改革之下，德国队终于焕然一新。

2010年世界杯，德国队的开局就很惊艳。

小组赛第一场，德国队就以4∶0大胜澳大利亚队，让外界眼前一亮，但接下来0∶1不敌塞尔维亚队、1∶0小胜加纳队，还是暴露了球队的稚嫩。

这样一支十分年轻的球队，在顺风顺水的场景下会打出让人非常兴奋的表现。就像在1/8决赛，德国队以4∶1的比分淘汰英格兰

德国队

队,以及在1/4决赛以4∶0的大比分淘汰利昂内尔·梅西率领的阿根廷队一样。

这是英格兰队在世界杯历史上最惨重的失利,也是阿根廷队历史上对阵德国队时最惨重的失利。连续大胜两个强敌,德国队的表现比2008年欧洲杯时期要好得多,然而2010年前后的时代,是属于西班牙队的。

半决赛,德国队遇到了在2008年欧洲杯决赛击败自己的西班牙队。

这一次,勒夫的球队再一次成为输家,但这一次,勒夫的球队没有快速落败,两支球队在场上打得难解难分,直至比赛的第73分钟,西班牙队通过后卫球员普约尔的进球打开了胜利的大门,由此淘汰了德国队。

在季军赛上,德国队3∶2战胜了乌拉圭队,托马斯·穆勒打进了他在本届世界杯的第5球,虽然还有3名球员也打进了5球,但托马斯·穆勒同时还有3次助攻,所以他获得了这一届世界杯的金靴奖,还获得了世界杯最佳新秀的称号。

虽然德国队还是没有夺冠,但球队连续在欧洲杯和世界杯上的出色表现,让勒夫的执教能力得到了更多的肯定。在他的率领下,德国队的年轻球员不断涌现,球队的前景一天比一天好,勒夫的权威已经难以撼动。

2011年6月16日，在与巴拉克两次谈话后，勒夫宣布巴拉克不会再被德国队征召，这一做法当然引发了争议，但在德国队表现越来越好的情况下，德国足协还是选择了支持勒夫。

没有巴拉克，德国队在2010年世界杯证明了自己可以继续踢出好球，2012年欧洲杯也不例外。预选赛阶段，在对手只是土耳其队、比利时队、奥地利队、阿塞拜疆队和哈萨克斯坦队的情况下，德国队打出了全胜的战绩，毫无悬念地获得了小组第一。

这一出色状态，也延续到了2012年欧洲杯正赛。

在小组赛的对手分别是葡萄牙队、荷兰队和丹麦队的情况下，德国队依然打出了三战全胜的战绩，十分稳健地获得了小组第一名。

就在外界认为这一次的德国队有望获得冠军的时候，德国队在淘汰赛突然出现了问题。1/4决赛，德国队和希腊队打成了4∶2的大比分，获胜是应该的，但被实力有限的对手打进两球是不应该的，这表明了球队的后卫线依然不够稳定。

于是在半决赛上对阵意大利队，意大利队前锋球员马里奥·巴洛特利用梅开二度让德国队陷入了困局，直至比赛的伤停补时阶段，德国队才打进了挽回颜面的一球，从而在这一届欧洲杯上铩羽

德国队

而归。

◆ 四星荣耀正式诞生

这一次大赛失败，勒夫和德国队不再被无限容忍，德国媒体以及德国队前球员都认为勒夫对德国队的失利负有重大责任。

虽然被外界批评，但德国足协依然选择支持勒夫，于是在2014年世界杯预选赛开始之后，随着德国队的节节胜利，批评声也逐渐消散。

预选赛阶段，德国队再次不败，获得了9胜1平的漂亮战绩，而且还是欧洲区预选赛进球最多的球队，但和所有直接晋级的欧洲球队相比，丢球也不少，尤其是在主场一度4：0领先，却在后期被瑞典队4球追平的比赛，还是引发了外界的热议。

所以，德国队还是很容易出现防守端的纰漏，因此在2014年世界杯正赛，勒夫做出了调整。

2014年世界杯在巴西举办，此前在南美洲举办的世界杯上，欧洲球队从来没有夺冠过，所以外界对于欧洲球队的前景并不看好。

相较起来，外界更看好在本土作战的巴西队。

第六章　第三黄金时代

小组赛阶段，德国队还是打出了自己的进攻水准。首战4∶0大胜葡萄牙队，让德国队球迷欢欣鼓舞；但第二场比赛2∶2战平加纳队，又让德国队球迷相当无奈；最后一场比赛1∶0小胜美国队，德国队才锁定了小组第一的位置，得以晋级16强。

1/8决赛对阵弱旅阿尔及利亚队，德国队打得并不轻松。常规时间内，德国队居然没有进球，被迫与对手进行了30分钟的加时赛，打进了两球，但也丢掉了一球，从而以2∶1的比分艰难晋级8强。

鉴于德国队在前四场比赛的状态起伏不定，勒夫在1/4决赛对阵法国队的比赛中，终于做出了重大的调整：他将拉姆从中场的位置撤下，重新放到了其出道时的边后卫位置。

这一举动直接增加了德国队在后卫线上的防守能力，而且让德国队的进攻变得更加流畅。在对阵法国队这个强大的对手时，德国队凭借胡梅尔斯的进球在比赛第13分钟就取得了领先。在此后的时间内，球队不仅顶住了对手的猛攻，而且也不乏打进第2球的机会，比赛最终在1∶0的情况下结束。

在一场定胜负的杯赛中，这样的表现才是冠军球队应有的表现。

虽然这一切来得稍有些晚，但在2014年世界杯上德国队也得到了运气的垂青。半决赛，德国队的对手是东道主巴西队，而在这场

德国队

比赛前,巴西队前锋球员内马尔在1/4决赛对阵哥伦比亚队的比赛中脊椎骨折,后卫球员蒂亚戈·席尔瓦也因为累计黄牌,将会缺席这场半决赛。

所以,德国队要面对的是一支在进攻和防守两端都失去重要球员的对手,自己唯一需要克服的难点,就是狂热的巴西队球迷。

然而即便是这样,德国队也没有预料到比赛的结果。

比赛开始后,德国队发现其进攻可以轻而易举地来到巴西队门前,在比赛第11分钟,托马斯·穆勒就帮助德国队取得领先,而在上半场结束前,德国队已经打出了5∶0的比分,比赛在这个时候已经几乎等同于结束了。

下半场比赛,巴西队在绝望中试图追近比分,但率先取得进球的还是德国队,最终在比赛第90分钟,巴西队才凭借奥斯卡的进球挽回了一丝颜面,德国队则以7∶1的大比分晋级决赛。

这场胜利让德国队成为第一支8次闯入世界杯决赛的球队,也成为第一支在世界杯半决赛中攻入7球的球队。

轻而易举地晋级决赛,德国队自己都没有想到,而其在决赛的对手——阿根廷队,则在半决赛和荷兰队一直打到点球大战才分出胜负。

这一次,德国队成为决赛上的优势一方。

第六章　第三黄金时代

不过，决赛开始后，阿根廷队率先制造了威胁，阿根廷队前锋球员冈萨洛·伊瓜因在与德国队门将诺伊尔的对决中错过了为阿根廷队进球的机会，而德国队在上半场结束前还以颜色，贝内迪克特·赫韦德斯的射门击中了门柱，同样未能让德国队取得领先。下半场比赛，梅西曾获得一次绝佳的射门机会，但他的低射最终偏出球门。

比赛因此进入加时赛阶段，这个时候德国队球员的体能开始帮助球队占据上风，德国队开始掀起进攻浪潮。比赛第113分钟，常规时间替补登场的格策，接到队友安德烈·许尔勒在左路的传中球，通过胸部完成停球动作，随即左脚抽射入网，帮助德国队1∶0取得了胜利。

德国队第四次夺得世界杯冠军，也是自德国统一以来的首个世界杯冠军。进球的格策和助攻的许尔勒还是首批出生在德国统一后的两名德国队球员，这些背后所蕴含的意义极为深远。

比赛结束之后，勒夫发出感慨，从克林斯曼时期开始，球队就酝酿了这个夺冠计划，10年来不断努力，才有了这支冠军球队，"没有人比我们更配得上冠军"。

勒夫是第一位在球员时代从未为德国队效力过，又率领德国队夺得世界杯冠军的教练。

德国队

◆ 存在想象中的王朝

夺冠之后,勒夫的声誉来到了顶峰,而且外界普遍认为,年龄结构合理的德国队将会开启一段属于自己的王朝时代,获得更多的国际大赛冠军。

然而夺得冠军之后的团队,总会出现这样或那样的问题,像没有夺得冠军时一样维持斗志,总是一件非常困难的事情。

2016年欧洲杯预选赛,德国队与波兰队、爱尔兰队、苏格兰队、格鲁吉亚队和直布罗陀队分到一个小组。按照常理来说,这些队伍中几乎没有能够抵挡德国队的对手,但在第二场比赛,德国队就在客场0∶2不敌波兰队,紧接着在主场1∶1战平爱尔兰队,之后还在客场0∶1输给了爱尔兰队。

10场比赛7胜1平2负,德国队没能打出此前在国际大赛预选赛时的统治力,不过这并没有影响球队以小组第一晋级正赛的结果,德国队也始终被认为是这一届欧洲杯的夺冠热门球队之一。

由于2016年欧洲杯扩大到24支球队,所以表现足够好的小组第三名也有资格出线,小组赛的晋级难度得以降低。

在小组赛阶段，德国队又和波兰队分在了一起，另外还有北爱尔兰队和乌克兰队。第一场比赛，德国队2∶0战胜乌克兰队。第二场比赛对阵波兰队，这次德国队只收获了一场0∶0的平局。第三场比赛，德国队1∶0小胜北爱尔兰队，最终以7分的成绩获得小组第一，顺利晋级到了16强。

1/8决赛，德国队的对手是斯洛伐克队。这支来自东欧的球队没有给德国队带来太多的麻烦，比赛第8分钟，德国队就取得了比分的领先，到了第63分钟，德国队已经建立了3∶0的领先优势，所以轻松地晋级到了8强。

1/4决赛，德国队又遇到了在2012年欧洲杯半决赛淘汰自己的意大利队。和四年前相比，意大利队的实力已经有所下降，但在安东尼奥·孔蒂的率领下，这支意大利队依然相当顽强。

德国队直至比赛下半场才取得领先，但进球后仅13分钟，意大利队就扳平比分，并且将1∶1的比分一直保持到了加时赛结束。

残酷的点球大战，德国队对此曾经很有心得，但在前5轮，德国队罚丢了3个点球，万幸的是，意大利队也罚丢了3个，比赛进入了更残酷的环节，最终罚到第9轮，德国队罚中，而意大利队的马特奥·达米安未能命中，德国队惊险晋级半决赛。

距离问鼎2016年欧洲杯，勒夫的德国队还有两场比赛，但德国

德国队

队在半决赛上的对手，比德国队更想获得欧洲杯冠军。

德国队在半决赛上的对手是东道主法国队，这一次胜利女神更青睐的是法国队。比赛当中，德国队在整整90分钟内都没有收获进球，而法国队则依靠安托万·格列兹曼攻入的两球，以2:0的比分战胜了德国队。

这已经是勒夫第三次带队参加欧洲杯，但他的德国队总是无缘冠军。

德国队在2016年欧洲杯上的表现，让德国队球迷不得不担心2014年世界杯的冠军只是昙花一现，但以德国队球员的能力来看，应该远远不止这一次成功。

所以从那个时候起，勒夫还是不是适合带领德国队的教练，就已经有一些疑问。

然而欧洲杯4强的战绩，让德国足协没有什么理由和勒夫停止合作，更何况除了勒夫之外，德国足协也很难找到合适的替代者。

2018年世界杯预选赛，德国队又打出了10场全胜的战绩，以无可争议的表现获得了2018年世界杯正赛的资格。

而在2017年的联合会杯上，勒夫决定让主力球员休息，派出了一支平均年龄为24岁零4个月、大部分球员经验不足、只有21人规模的德国队。

第六章 第三黄金时代

即便在这种情况下,德国队也在小组赛中相继战胜了澳大利亚队和喀麦隆队,和智利队打成平局,进入了赛事的4强。

半决赛对阵墨西哥队,德国队取得一场4∶1的大胜,在决赛中再次与小组赛上打平的智利队相遇,最终凭借拉尔斯·施廷德尔在第20分钟攻入的一球,德国队以1∶0获胜。

这样的表现,让德国队球迷忘却了2016年欧洲杯上的失利,大家都愿意再给勒夫和德国队一次机会,但在2018年世界杯上,德国队的表现让人大跌眼镜。

在小组赛对手为墨西哥队、瑞典队和韩国队的情况下,德国队在首场比赛就以0∶1不敌墨西哥队,这是德国队36年以来第一次在世界杯首场比赛就吃到败仗。

第二场比赛,德国队也一度在对阵瑞典队的比赛中陷入0∶1落后的困局,但在下半场,托尼·克罗斯通过任意球扳平比分,在伤停补时第5分钟,德国队完成绝杀,以2∶1反败为胜。

这场比赛的结果让第三场比赛变得稍有希望,德国队只要取胜就可以晋级淘汰赛。然而面对韩国队,德国队再次被进球的难题困扰,结果在伤停补时阶段,韩国队连进两球,赢下了比赛,德国队排到了小组最后一名。

德国队成为继1966年的巴西队、2002年的法国队、2010年的意

德国队

大利队和2014年的西班牙队之后,第五支在世界杯小组赛中被淘汰的上一届冠军球队。

而且,这也是德国队在世界杯历史上首次在小组赛即遭淘汰。

很显然,勒夫从2014年的功臣,变成了2018年的罪人。在并非实力不足的情况下打出如此耻辱性的成绩,德国足协需要拿出自己的魄力,对球队进行从上到下的调整和变革,然而德国足协没有这样做。

或许是因为勒夫此前的战绩过于优秀,或许是因为年轻球员的表现仍有亮点,德国足协几乎没有做出什么改变,足协的官员宁愿相信2018年世界杯只是一场意外。

然而,时间会告诉他们答案。

◆ 时代终结重新起航

2018年世界杯出局后,德国足协继续公开支持勒夫,但足协仍然需要给外界一个解释,于是在2018年8月,德国足协举行了一场时长约110分钟的新闻发布会。

这是德国足协迄今为止举办过的时间最长的新闻发布会。

第六章 第三黄金时代

在这场发布会上，勒夫表示他在世界杯上犯下的错误"近乎傲慢"，因为他想"完美"地控制一切，从而"把德国队的潜力发挥到极致"。

除了战术上的原因之外，勒夫和德国队领队比埃尔霍夫还回应了几名土耳其裔的德国队球员与土耳其总统埃尔多安会面，由此引发的这几名球员是否"爱国"的争议话题。勒夫认为，这个问题"会无谓地耗费精力，因为它一次又一次地出现"，但这不是德国队失败的原因之一。

如此这般失败，也引发了德国队后续的一系列变动。

勒夫对教练组成员进行了调整，后勤人员也大幅减少，而在球队层面，前锋球员马里奥·戈麦斯和中场球员赫迪拉不再被征召入队。

但是，一系列的调整没有带来想要的结果。

2018—2019赛季，在新设立的欧洲国家联赛（简称"欧国联"）这项新赛事当中，德国队和荷兰队、法国队分在同一小组，4场比赛，德国队仅取得2平2负的战绩，排名小组倒数第一。

其中0∶3不敌荷兰队、1∶2不敌法国队的比赛，都引发了很大的争议。到了2018年11月，德国队在国际足联的世界排名中滑落至第16位，这是自2005年以来的最低排名。

德国队

连续的失败,迫使勒夫继续着自己的改革,就像在2011年宣布不再征召巴拉克一样。2019年3月5日,勒夫宣布近期不再与2014年世界杯冠军成员托马斯·穆勒、胡梅尔斯和博阿滕合作。

和当年一样,勒夫的这一举措再次引发争议。当年的争议能够平息下去,是因为德国队确实打出了优异的战绩,然而这一次,一切都变得很难说了。

弃用决定宣布之初,德国队似乎重演了当年的剧情。

2020欧洲杯预选赛,德国队与荷兰队、北爱尔兰队、白俄罗斯队和爱沙尼亚队分在一组。第一场比赛,德国队在客场3∶2战胜荷兰队,这是德国队自1996年以来首次在客场战胜荷兰队。

在后续的比赛中,德国队只是在主场2∶4不敌荷兰队,取得了8场比赛7胜1负的战绩,然而新冠疫情的到来,打乱了勒夫的计划,也影响了球队的状态。

欧洲杯延期至2021年举行,而在2020—2021赛季的欧国联上,本该因为上一届排名小组倒数第一而降级到B级联赛的德国队,因为赛事规模的扩大得以留在A级联赛,这一次其对手变成了西班牙队、瑞士队和乌克兰队。

实力较弱的球队加入,对于急需信心的勒夫和德国队来说是一件好事。然而德国队在第4轮比赛3∶3战平瑞士队,第5轮更是以耻辱性的0∶6惨败于西班牙队，让其在2020欧洲杯预选赛时恢复的信心荡然无存。

德国队上一次遭遇0∶6的惨败，还是在遥远的1909年，那时德国队才刚刚成立。

糟糕的成绩，让勒夫的声誉不断走低，这一次弃用托马斯·穆勒、胡梅尔斯和博阿滕的选择，每天都在成为媒体拷问勒夫的素材。

于是在2021年3月9日，勒夫宣布在欧洲杯结束后将辞去德国队主教练的职务。

对于德国队球迷来说，这个消息更像是一种解脱，但考虑到勒夫是2016年世界杯冠军教练，这一想法又显得那么不近人情。勒夫希望公布辞职的决定，能给德国队球员在欧洲杯上带来更多的动力，为此，他还将托马斯·穆勒和胡梅尔斯加入了欧洲杯大名单当中。

然而，一切的发展未能如他所愿。

2020欧洲杯小组赛，德国队和法国队、葡萄牙队、匈牙利队分在一组。

首场比赛，德国队就因为胡梅尔斯的乌龙球输给了法国队，第二场比赛面对葡萄牙队，德国队和葡萄牙队打出了一场4∶2的

德国队

进球大战,这是在这届欧洲杯上德国队为球迷带来为数不多的欢乐时刻。

第三场比赛,德国队2∶2战平匈牙利队,以1胜1平1负的战绩,从这个"死亡之组"当中,晋级到16强。

1/8决赛,德国队的对手是英格兰队。

作为彼此的老对手,两支球队打得相当胶着,直至比赛末段才出现了真正的好机会,而英格兰队把握住了这些机会。凭借拉希姆·斯特林和哈里·凯恩在比赛第75分钟和第86分钟的进球,英格兰队2∶0战胜德国队,将德国队淘汰出局。

这场比赛是勒夫执教德国队的第198场比赛,就在200场里程碑之前,勒夫的德国队时代宣告结束。

第七章

战车永不停歇

从古至今,德国队从来都是世界足坛最重要的球队之一。

——引语

德国队

◆ **周转期又一个低谷**

德国队被淘汰的几天后,为德国队出场106次的克罗斯也宣布退出德国队,但德国队没有多余的时间感到悲伤和惆怅,因为2022年世界杯的预选赛开打在即。

勒夫的继任者是汉斯-迪特·弗利克,弗利克曾在2006—2014年之间担任勒夫的助理教练,而且在2019—2020赛季带领德国豪门拜仁队夺得了德甲、德国杯和欧冠冠军。

所以在初期,这一任命让德国队球迷颇为期待,大家都希望弗利克能为德国队带来一股全新的气息。

刚开始,似乎的确如此。

2022年世界杯预选赛,德国队在对手是北马其顿队、罗马尼亚队、亚美尼亚队、冰岛队和列支敦士登队的情况下,打出了9胜1负的战绩,唯一的输球场次是主场1∶2不敌北马其顿队。

不过,这场比赛发生在欧洲杯开幕前,当时的德国队仍是在勒夫的治下,弗利克接手德国队之后的7场比赛,德国队取得了全胜的战绩。

第七章 战车永不停歇

这样的表现，让德国媒体开始乐观起来，他们认为在弗利克的领导下，德国队的训练强度发生了变化，弗利克对团队也产生了积极影响，比如他很信任场上的年轻球员。

然而，这也曾是勒夫在2006年接手德国队时的优点。

2022年世界杯开赛前，2022—2023赛季的欧国联开打。

德国队这一次的对手是意大利队、匈牙利队和英格兰队。6场比赛，德国队只在对阵意大利队时拿到了一场5∶2的胜利，其余的5场比赛，德国队战平4场，唯一的输球是0∶1输给了匈牙利队。

在世界杯前打出这样的表现，简直就是弗利克和德国队的灾难，外界由此认为德国队再次进入了预选赛重拳出击、正赛唯唯诺诺的恶性循环。

事实正是如此。

2022年世界杯，德国队在小组赛的对手是日本队、西班牙队和哥斯达黎加队。

第一场比赛，德国队就在先进一球的情况下，被日本队两球逆转，1∶2输掉了比赛。第二场比赛面对西班牙队，在即将两连败的情况下，弗利克派上了首次参加国际大赛的前锋球员尼克拉斯·菲尔克鲁格，后者在比赛第83分钟拯救了德国队，用进球为球队换来了一场1∶1的平局。

德国队

第三场比赛，德国队必须战胜哥斯达黎加队才能保有出线的可能，但其在比赛中一度陷入了1∶2的落后局面，最后时刻凯·哈弗茨和菲尔克鲁格联手打进3球，才帮助德国队战胜了哥斯达黎加队。

这场比赛过后，德国队获得4分，但同积4分的西班牙队净胜球多达6个，德国队只有1个，这让德国队屈居小组第三名，连续两届世界杯止步小组赛。

◆ 复苏之路任重道远

又一届令人失望的世界杯结束之后，德国队领队比埃尔霍夫和德国足协提前终止了合同。

作为勒夫最有力的支持者，他们一起经历了2014年世界杯的成功，但也因为2018年世界杯和在2021年举办的欧洲杯而变得声名狼藉。

然而，德国足球的问题不是换一个教练或领队就能解决的。

2022年世界杯结束之后，作为2024年欧洲杯的主办国，德国队无须参加预选赛，但在2023年开始的一系列友谊赛中，德国队除了在首场比赛对阵秘鲁队取得胜利，此后连续五场不胜，其中有四场都输给了对手，分别是比利时队、波兰队、哥伦比亚队和日本队。

第七章 战车永不停歇

在德国队以1∶4不敌日本队的第二天，即2023年9月10日，弗利克被解雇。

弗利克离任后，沃勒尔曾短暂执教过德国队，随后的继任者是此前在德甲的莱比锡红牛队和拜仁队执教过的年轻教练尤利安·纳格尔斯曼。在沃勒尔和纳格尔斯曼接手之后，德国队一度以2∶1和3∶1的比分战胜法国队和美国队，但接下来的三场比赛同样陷入了不胜的怪圈，尤其是在2023年末，德国队分别以2∶3和0∶2的结果输给了土耳其队和奥地利队。

所以德国队，或者说德国足球的问题，从来不在某一个人的身上。

就像世纪之交时期的德国队，虽然里贝克年龄过大、战术过时，留下马特乌斯的决策并不明智，但在同一时期，德国队年轻球员的弱势也是客观事实之一。

不是里贝克或马特乌斯导致了德国队在2000年欧洲杯上的失败，而是德国足球的失败导致了里贝克和马特乌斯还能出现在2000年欧洲杯上。

现在的德国足球，同样需要一次像当时那样建设青训学院、提高战术水平的大讨论。

从古至今，德国队从来都是世界足坛最重要的球队之一。

作为4届世界杯冠军、3届欧洲杯冠军得主，自从出现在国际赛

德国队

事,德国队就像是一辆设计精良、动力充沛的钢铁战车,足以将任何挡在其面前的对手撞开。

但是在这一切实现之前,德国队首先要确定自己走在正确的道路上,其次要让这辆战车始终保持在最佳状态,这是德国队在2014年之前不断取得胜利的原因,也是在2014年之后不断失败的问题。

路线错误,开得再快也是枉然;车况不佳,撞向对手等同自毁。在不断的失败已经开始消耗信心的情况下,德国队需要先停下来,看清道路,维修车辆。

如此这般,才能让"钢铁战车"的轰鸣,重新变成其他球队闻之一震的声音。

经典瞬间

对于任何一支球队来说，在浩瀚的历史长河中，都会诞生很多的经典瞬间。这些瞬间，是球迷津津乐道的话题，也是球星绽放光彩的时刻。定格精彩的进球、争议的判罚、完美的配合、顽强的防守、伟大的扑救……珍藏这些难以忘怀的瞬间。

伯尔尼奇迹

　　1954年世界杯,联邦德国队曾在小组赛中以3∶8惨败匈牙利队。决赛中两队再度相遇,开场仅8分钟匈牙利队就取得2∶0的领先,联邦德国队随后上演神奇大逆转。马克斯·莫洛克迅速扳回一球,赫尔穆特·拉恩则独中两球,联邦德国队连进三球。最终,联邦德国队以3∶2的比分扳倒了彼时足球世界的"巨人"匈牙利队,以奇迹般的方式,捧起了球队历史首座世界杯冠军奖杯。

159

巴西足球"耻辱日"

　　2014年世界杯，本土作战的巴西队在半决赛迎来了德国队。这场强强对话，却出人意料地出现了一边倒的情况。德国队在上半场29分钟之内就连入5球，将巴西队的防线打得彻底崩盘。下半场比赛，许尔勒又梅开二度，德国队取得7：0的领先，直到比赛行将结束，奥斯卡才为巴西队打入一球。最终德国队以7：1大胜巴西队，送给对手耻辱一败。这场比分悬殊的比赛，创造了世界杯半决赛的最大分差纪录，也创造了世界杯东道主球队输球的最大分差纪录。

FULL TIME

BRAZIL v **GERMANY**

1 - 7

90' OSCAR

11' MUELLER
23' KLOSE
24' 26' KROOS
29' KHEDIRA
69' 79' SCHUERRLE

超越"外星人"

2014年世界杯半决赛，德国队7:1大胜巴西队。克洛泽在第23分钟打入一球，这使他在世界杯中的个人总进球数达到了16球，超越巴西队名宿罗纳尔多，成为世界杯总进球数最多的球员。克洛泽总计参加过4届世界杯，2002年世界杯和2006年世界杯，他均打入了5球，分别收获银靴奖和金靴奖。

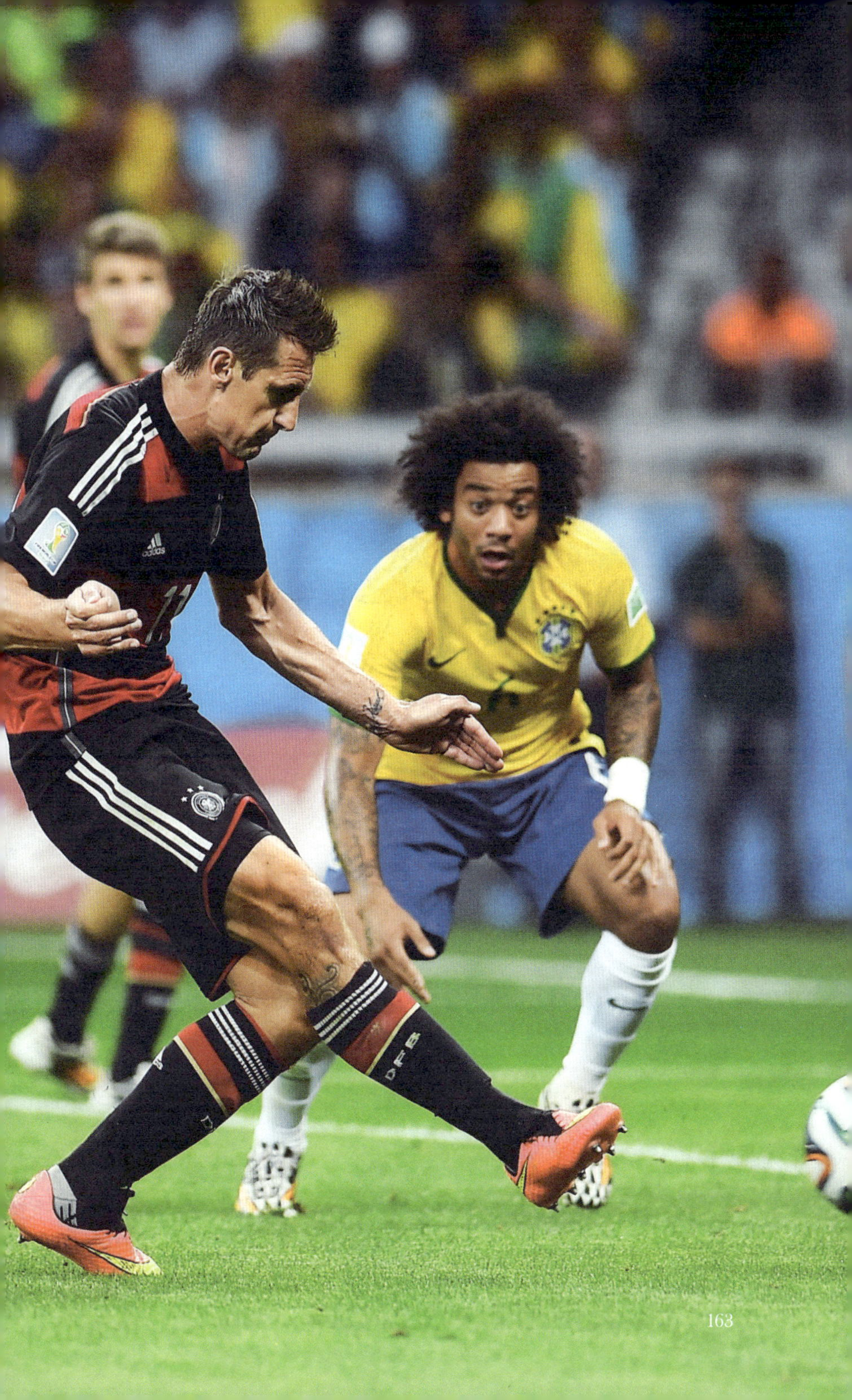

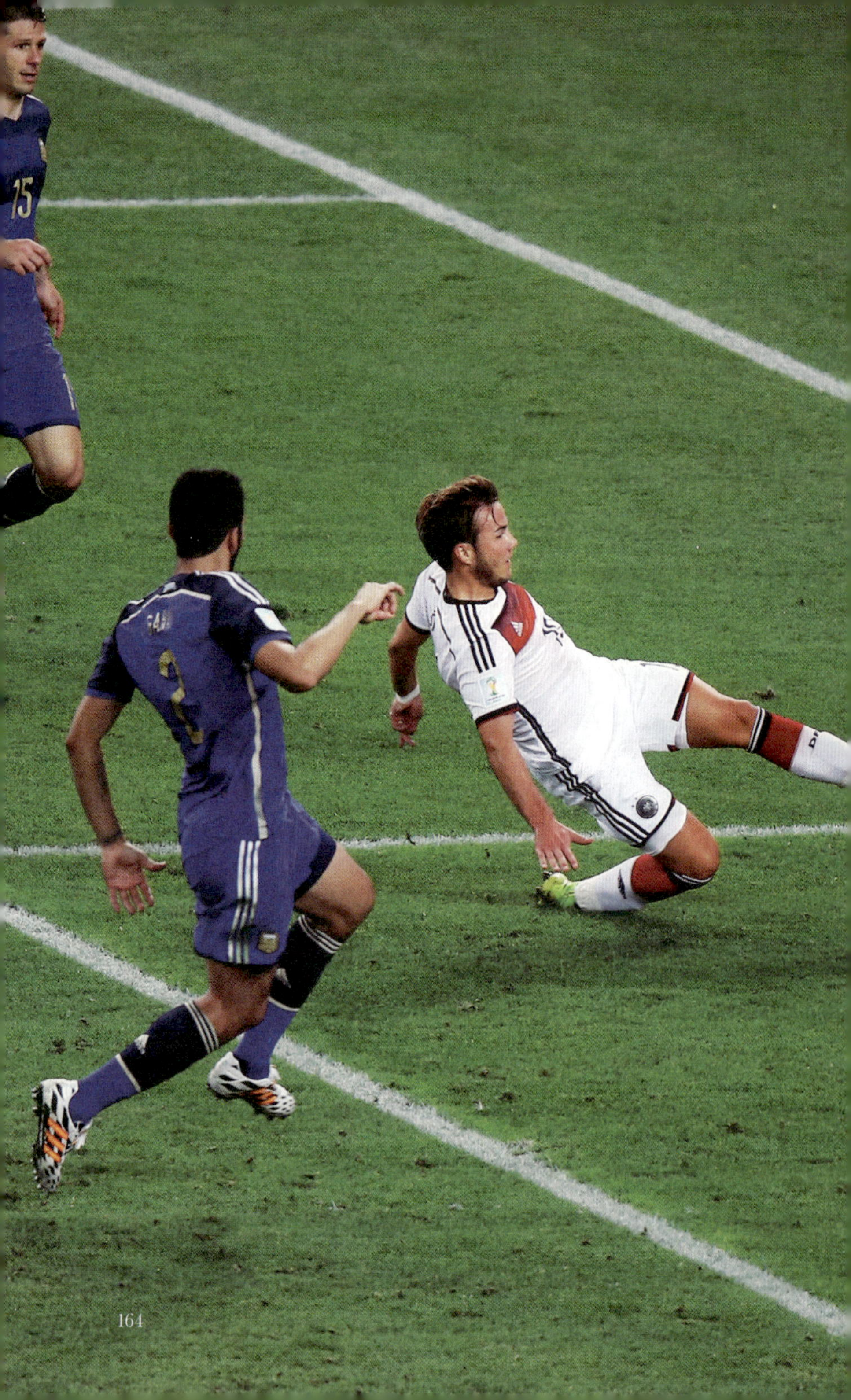

格策一剑封喉

　　2014年世界杯决赛，德国队和阿根廷队陷入鏖战，双方在90分钟内互交白卷，只能进入加时赛。格策在比赛第88分钟被换上场，比赛进行到第113分钟，德国队在左路策动攻势，格策在球门前觅得良机。他胸部停球接射门一气呵成，洞穿了阿根廷队的球门，帮助德国队以1：0领先对手。最终，凭借格策的关键进球，德国队战胜阿根廷队拿到冠军，球队历史上第四次问鼎世界杯。

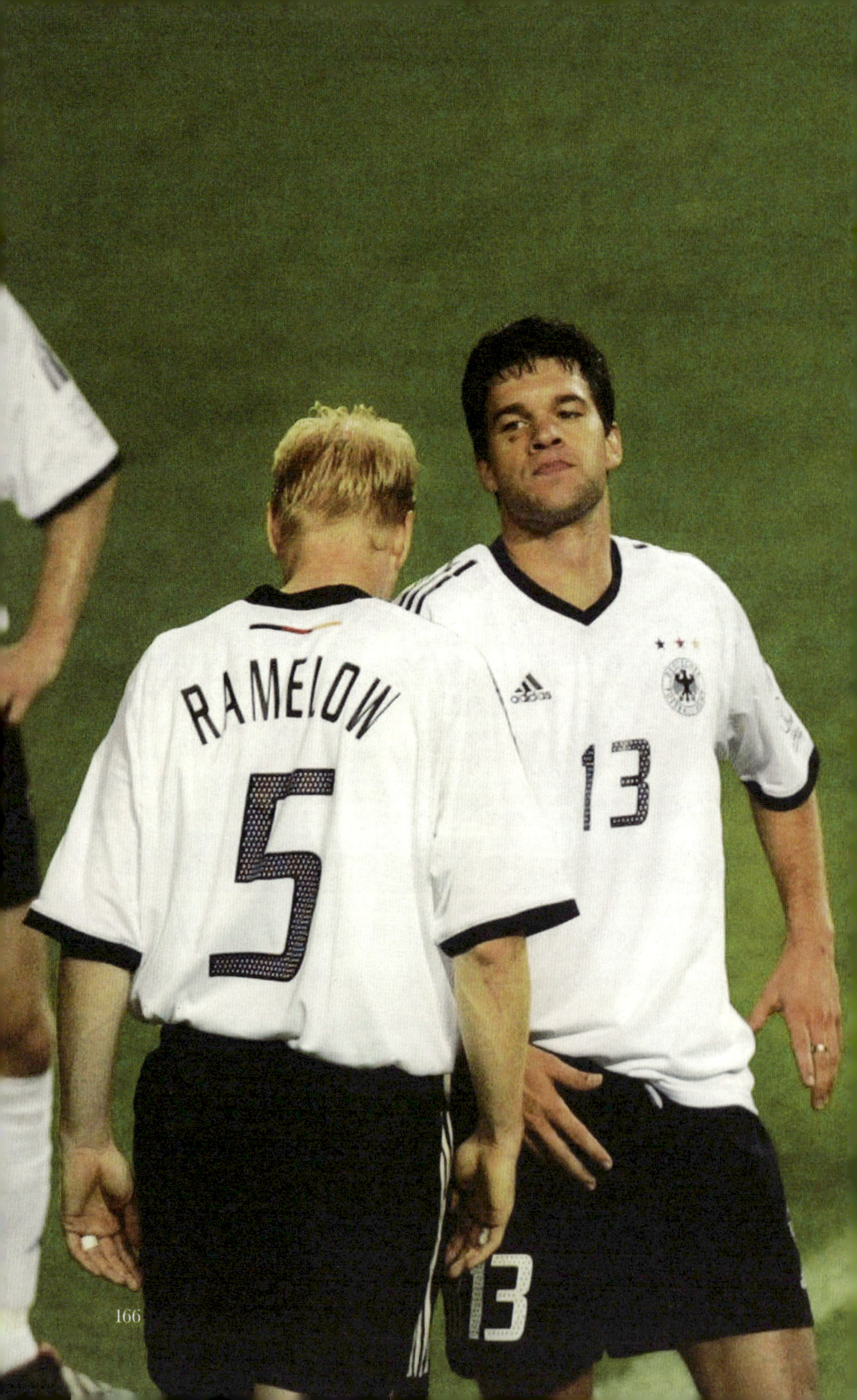
RAMELOW
5
adidas
13
13

巴拉克无缘世界杯决赛

　　2002年世界杯，德国队在半决赛中迎战东道主之一的韩国队，比赛第71分钟，为了阻止韩国队的进攻，巴拉克被迫犯规，他被裁判出示黄牌。此前的巴拉克在1/8决赛中已经身负一张黄牌，根据规则，淘汰赛阶段两度被出示黄牌的巴拉克将无缘下一场比赛。第75分钟，巴拉克为德国队打破僵局，最终德国队也是凭借他的进球，以1∶0淘汰对手晋级决赛。但巴拉克却因为停赛而无缘在决赛中登场，这成了他终生的遗憾。

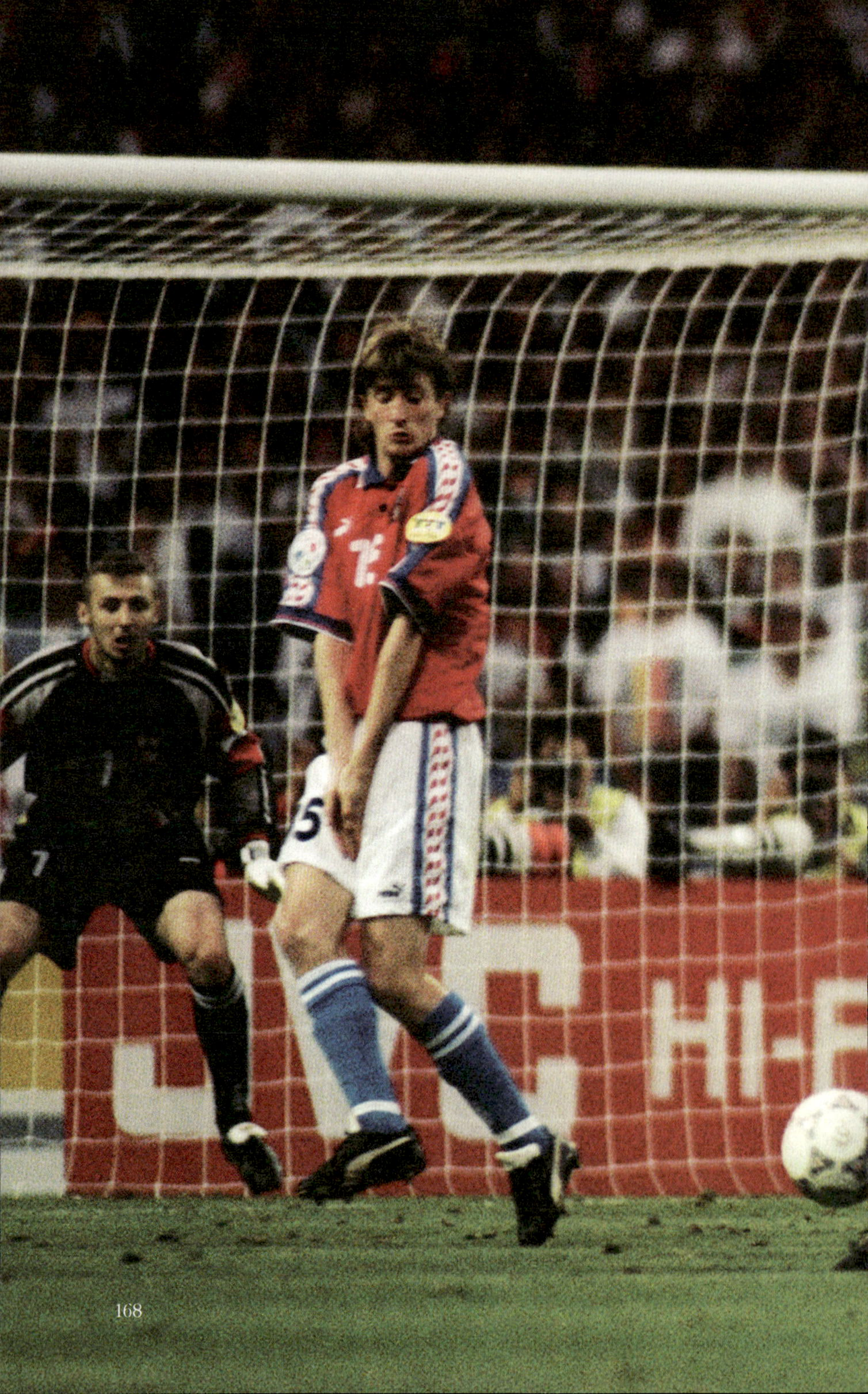

"金球"绝杀

1996年欧洲杯决赛,德国队与捷克队陷入激战。比赛进行到第59分钟,捷克队凭借帕特里克·博格打入的点球,以1∶0领先。奥利弗·比埃尔霍夫在第73分钟头球破门,帮助德国队扳平比分,双方在90分钟内战平,比赛进入加时赛。彼时欧洲杯的加时赛采取"金球制"的规则,先进球的一方立刻取得比赛胜利。第95分钟,比埃尔霍夫在禁区内倚住对手后转身射门,球洞穿了捷克队的球门。凭借比埃尔霍夫的"金球"绝杀,德国队以2∶1击败捷克队,第三次拿到欧洲杯冠军。

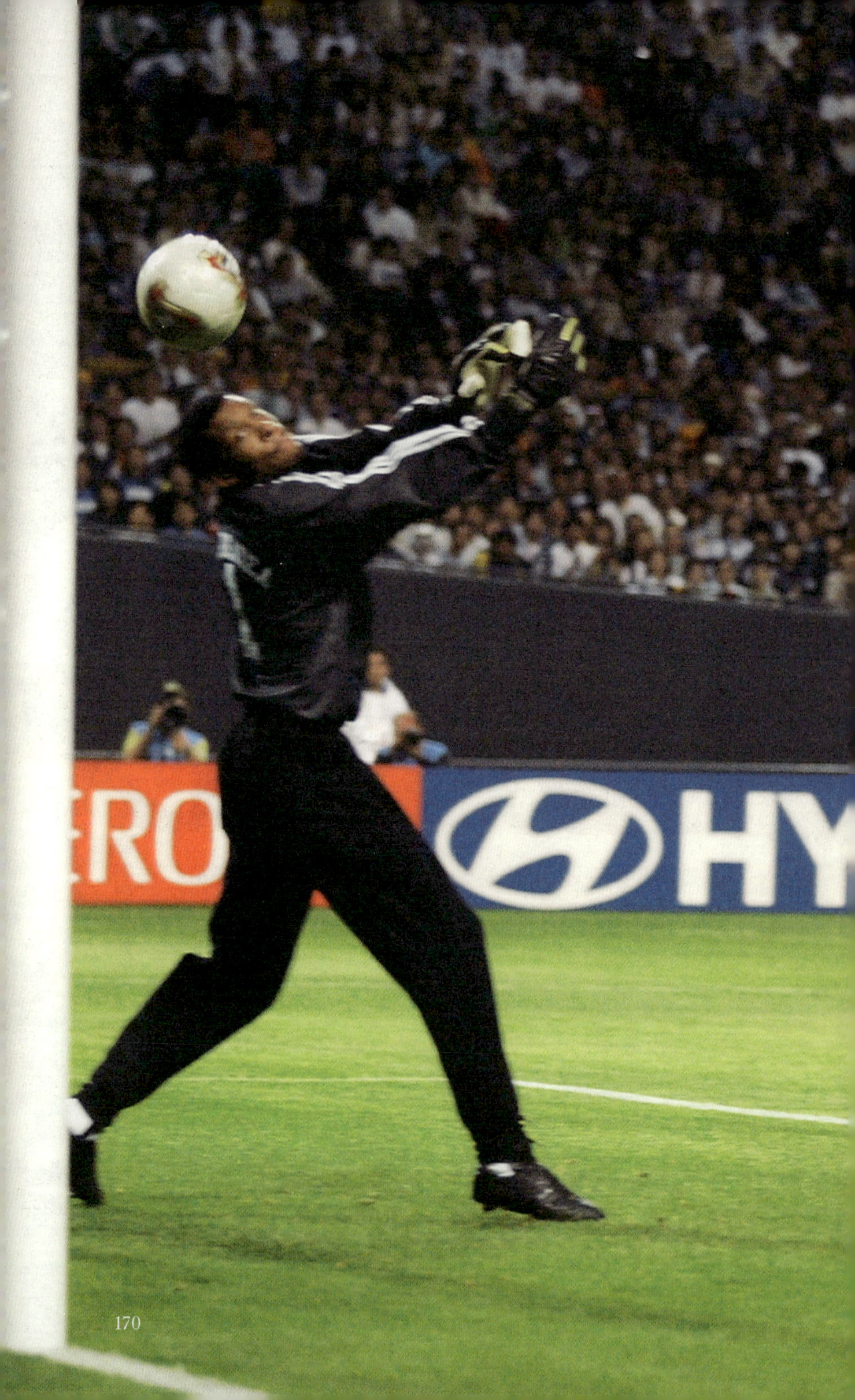

ERO
HY

头球帽子戏法

2002年世界杯，克洛泽在自己的世界杯首秀中，帮助德国队8：0击败沙特阿拉伯队。这场比赛，克洛泽在第20分钟、第25分钟和第69分钟分别破门，且破门的方式均为头球。他就此成为世界杯历史上首位完成头球帽子戏法的球员。2002年世界杯，克洛泽总计打入5球，进球的方式无一例外都是头球，他成为历史上首位在单届世界杯中5次利用头球破门的球员。

克罗斯绝杀瑞典

2018年世界杯小组赛,德国队首战不敌墨西哥队,次战又遭遇瑞典队阻击,两队1∶1的比分眼看要保持到终场结束,克罗斯挺身而出拯救德国队。他在第95分钟上演任意球绝杀,帮助德国队以2∶1险胜瑞典队,拿到了宝贵的3分,这一度让德国队的出线前景非常光明。可惜的是德国队在末轮爆冷不敌韩国队,最终在小组赛仅拿到3分。雄心壮志的德国队在小组赛结束后便打道回府。

"狮王"致命脱手

2002年世界杯决赛,卡恩在上半场表现得极其惊艳,高接低挡化解了巴西队如潮的攻势。比赛第67分钟,里瓦尔多禁区前怒射,卡恩扑救出现脱手,罗纳尔多跟进轻松破门。陷入落后的德国队只能在进攻端投入更多的兵力,但因此造成后防线的空虚,随后罗纳尔多在第79分钟再下一城。最终,德国队以0∶2不敌巴西队。"狮王"卡恩的扑救脱手,也成为本场比赛的重要转折。

"倒钩之王"最关键进球

1982年世界杯半决赛,联邦德国队对阵法国队。双方在90分钟内战成1∶1,加时赛伊始,法国队连入两球,联邦德国队陷入绝境。比赛第102分钟,鲁梅尼格帮助联邦德国队追回一球。比赛进行到第108分钟,最精彩的一幕诞生了。联邦德国队从左路发起攻势,被誉为"倒钩之王"的克劳斯·菲舍尔在小禁区前接到队友的头球摆渡,随即送上惊艳的倒钩破门,帮助联邦德国队扳平了比分。双方最终进入点球大战,联邦德国队惊险过关杀入决赛。

两代"球王"的眼泪

　　2010年世界杯1/4决赛,德国队在对阵阿根廷队的比赛中火力全开。托马斯·穆勒开局"闪电"破门,下半场比赛克洛泽连下两城,阿尔内·弗里德里希锦上添花。德国队以4∶0大胜阿根廷队。赛后,阿根廷队主帅马拉多纳和当家球星梅西这两代"球王"均流下了伤心的眼泪。

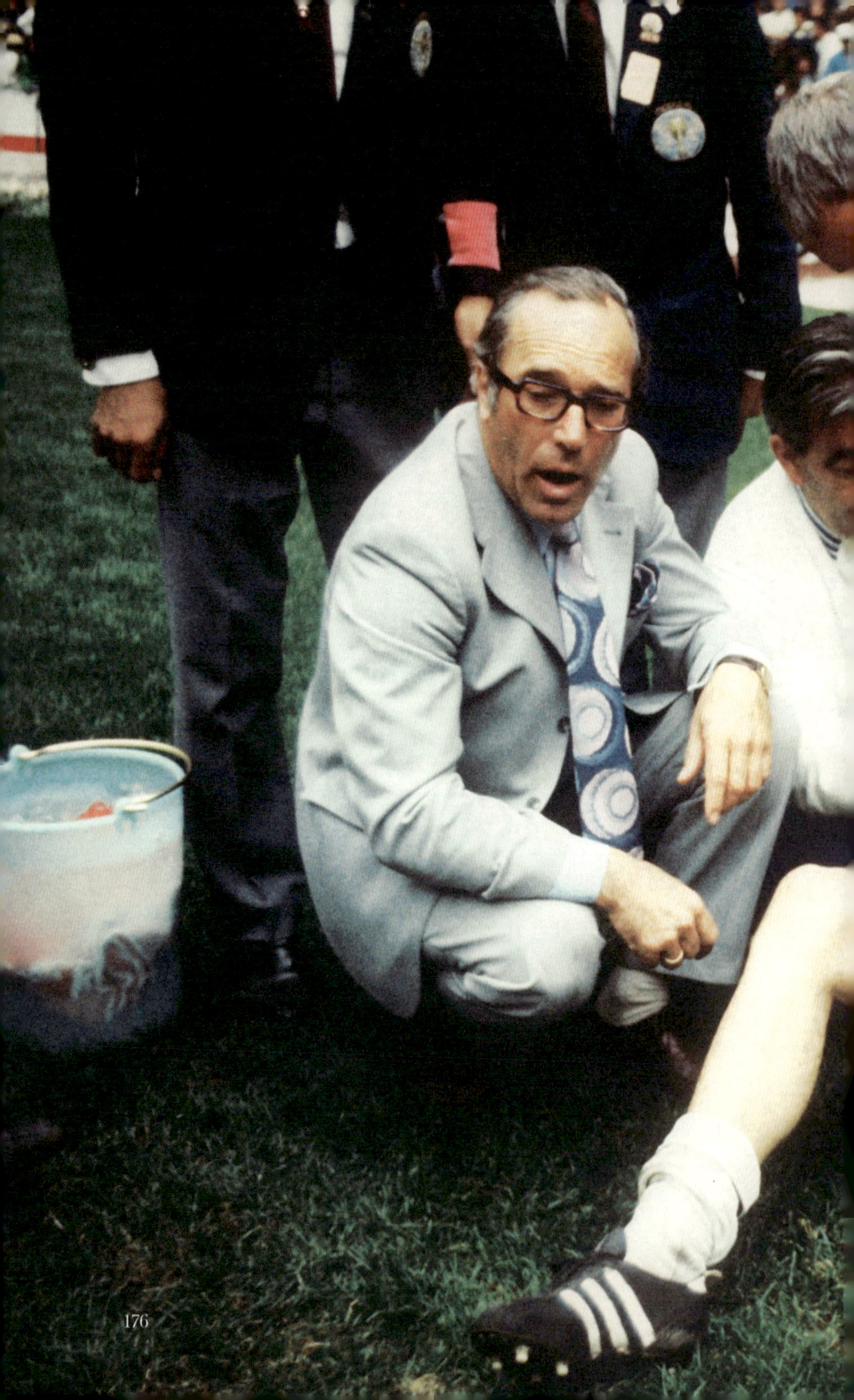

"足球皇帝"缠绷带作战

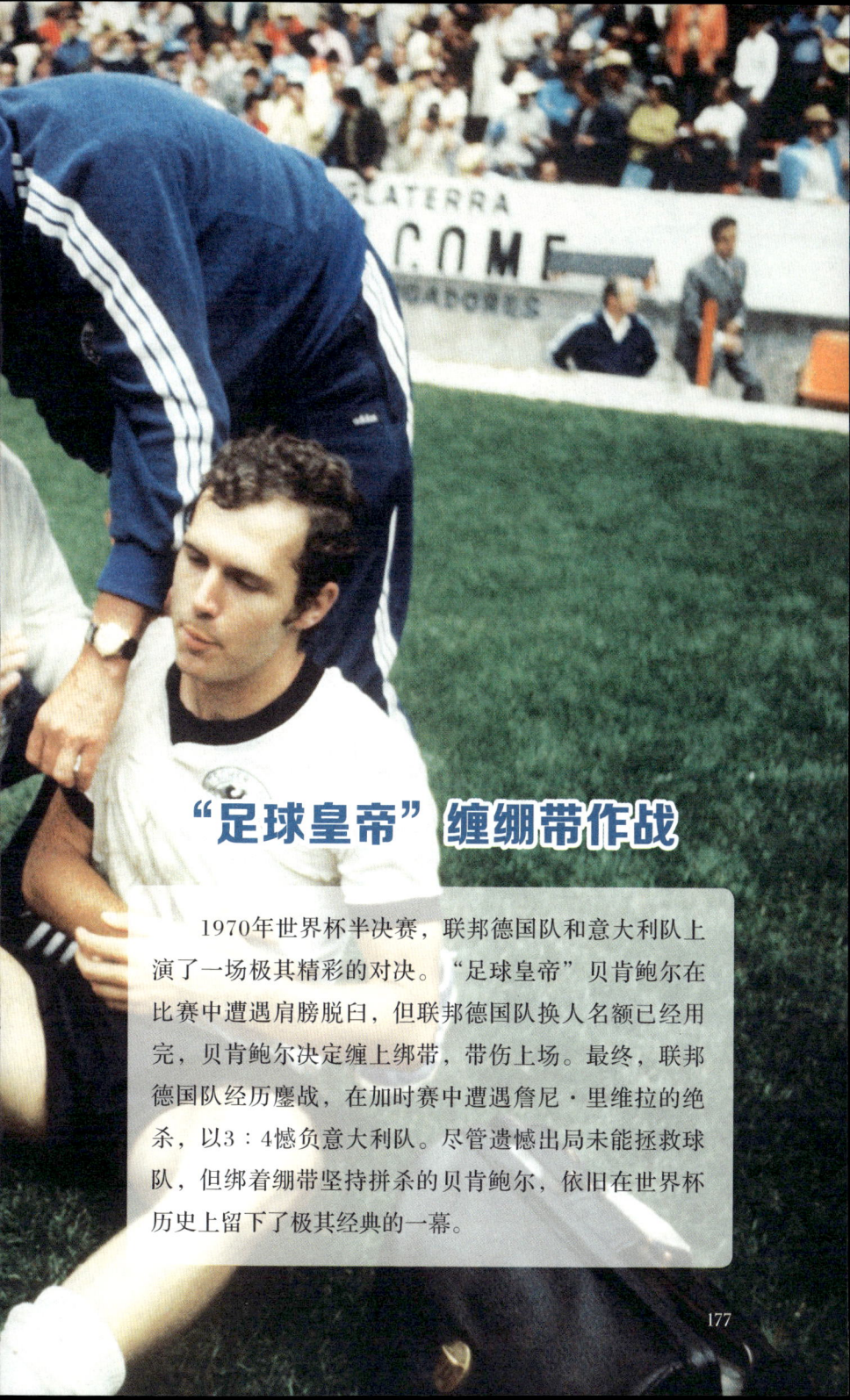

1970年世界杯半决赛,联邦德国队和意大利队上演了一场极其精彩的对决。"足球皇帝"贝肯鲍尔在比赛中遭遇肩膀脱臼,但联邦德国队换人名额已经用完,贝肯鲍尔决定缠上绷带,带伤上场。最终,联邦德国队经历鏖战,在加时赛中遭遇詹尼·里维拉的绝杀,以3∶4憾负意大利队。尽管遗憾出局未能拯救球队,但绑着绷带坚持拼杀的贝肯鲍尔,依旧在世界杯历史上留下了极其经典的一幕。

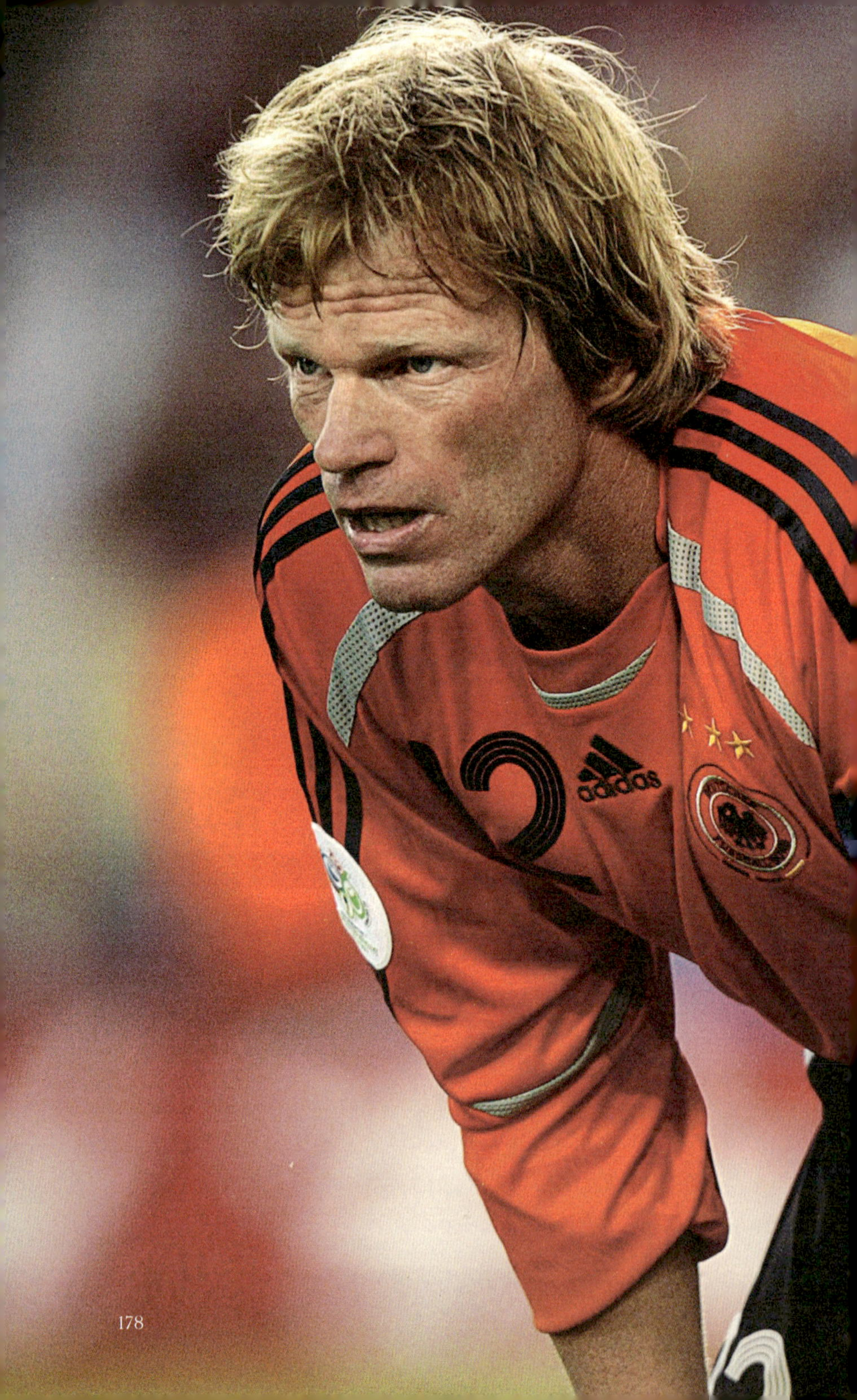
adidas

星光璀璨

姓名：奥利弗·卡恩

出生日期：1969年6月15日

主要球衣号码：1号、12号

国家队数据：86场

"狮王"

　　一头金发和一声声怒吼，让卡恩获得了"狮王"的绰号，也让德国队在球门前有了最大的保障。2002年的夏天，卡恩高接低挡，帮助那支平庸的德国队闯入世界杯决赛。尽管没能阻挡罗纳尔多的梅开二度，但卡恩在整届赛事仅丢3球，零封对手5次，他凭借优异的表现获得了2002年世界杯金手套奖和金球奖。作为历史上第一位以门将身份获得世界杯金球奖的球员，卡恩书写了传奇般的历史。

姓名：贝恩德·舒斯特尔

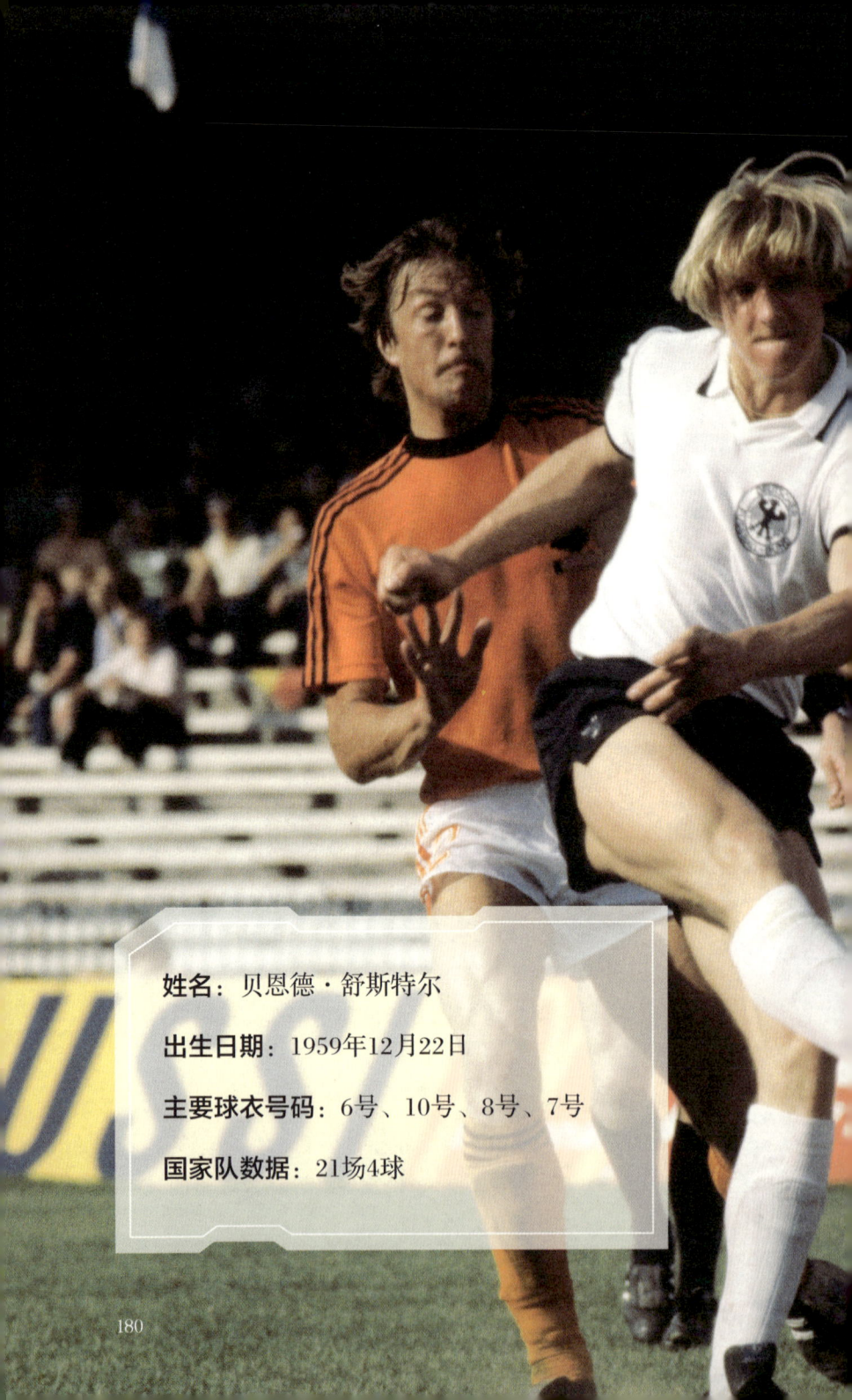

出生日期：1959年12月22日

主要球衣号码：6号、10号、8号、7号

国家队数据：21场4球

桀骜不驯的天才

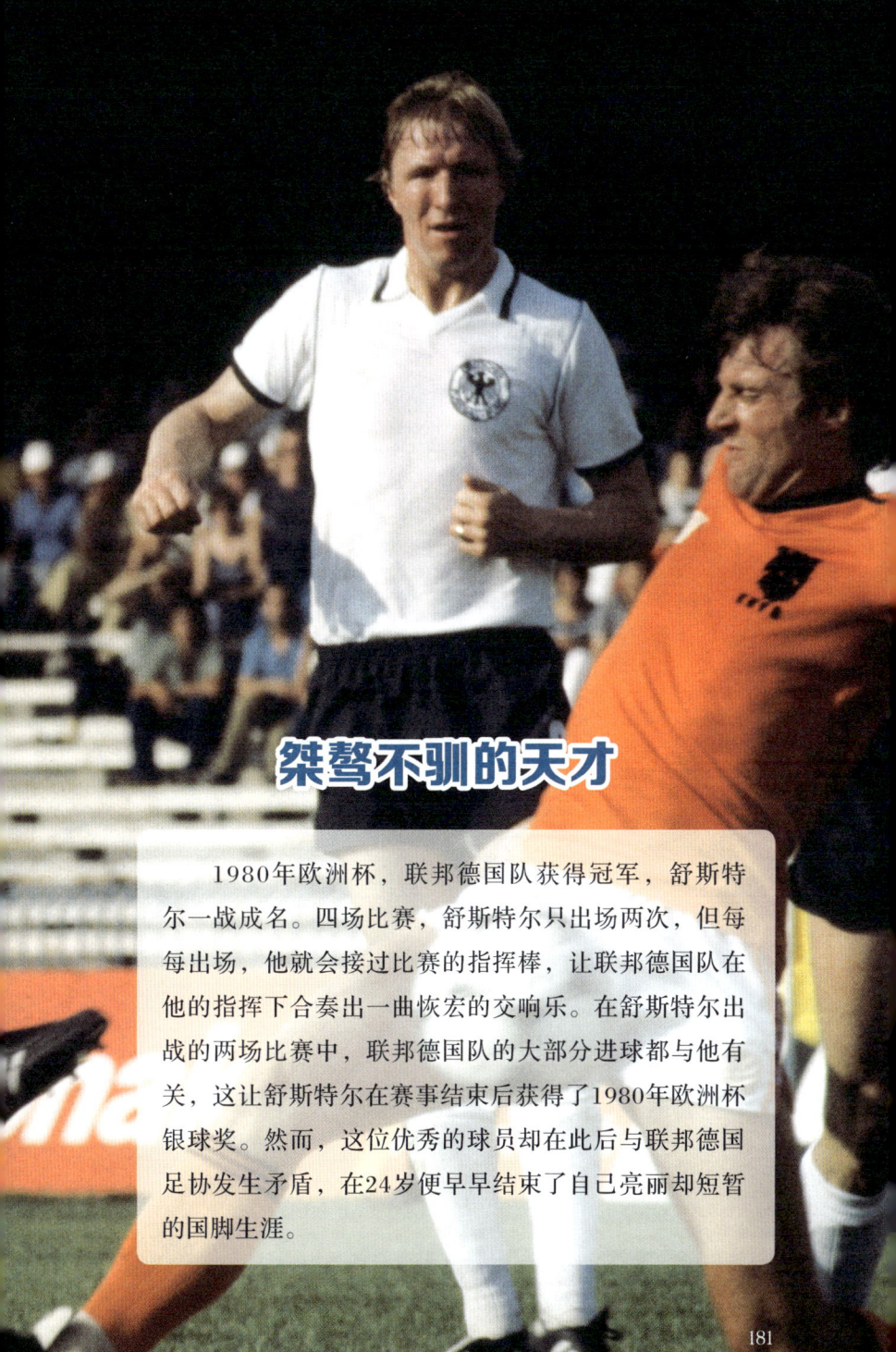

　　1980年欧洲杯，联邦德国队获得冠军，舒斯特尔一战成名。四场比赛，舒斯特尔只出场两次，但每每出场，他就会接过比赛的指挥棒，让联邦德国队在他的指挥下合奏出一曲恢宏的交响乐。在舒斯特尔出战的两场比赛中，联邦德国队的大部分进球都与他有关，这让舒斯特尔在赛事结束后获得了1980年欧洲杯银球奖。然而，这位优秀的球员却在此后与联邦德国足协发生矛盾，在24岁便早早结束了自己亮丽却短暂的国脚生涯。

姓名：菲利普·拉姆

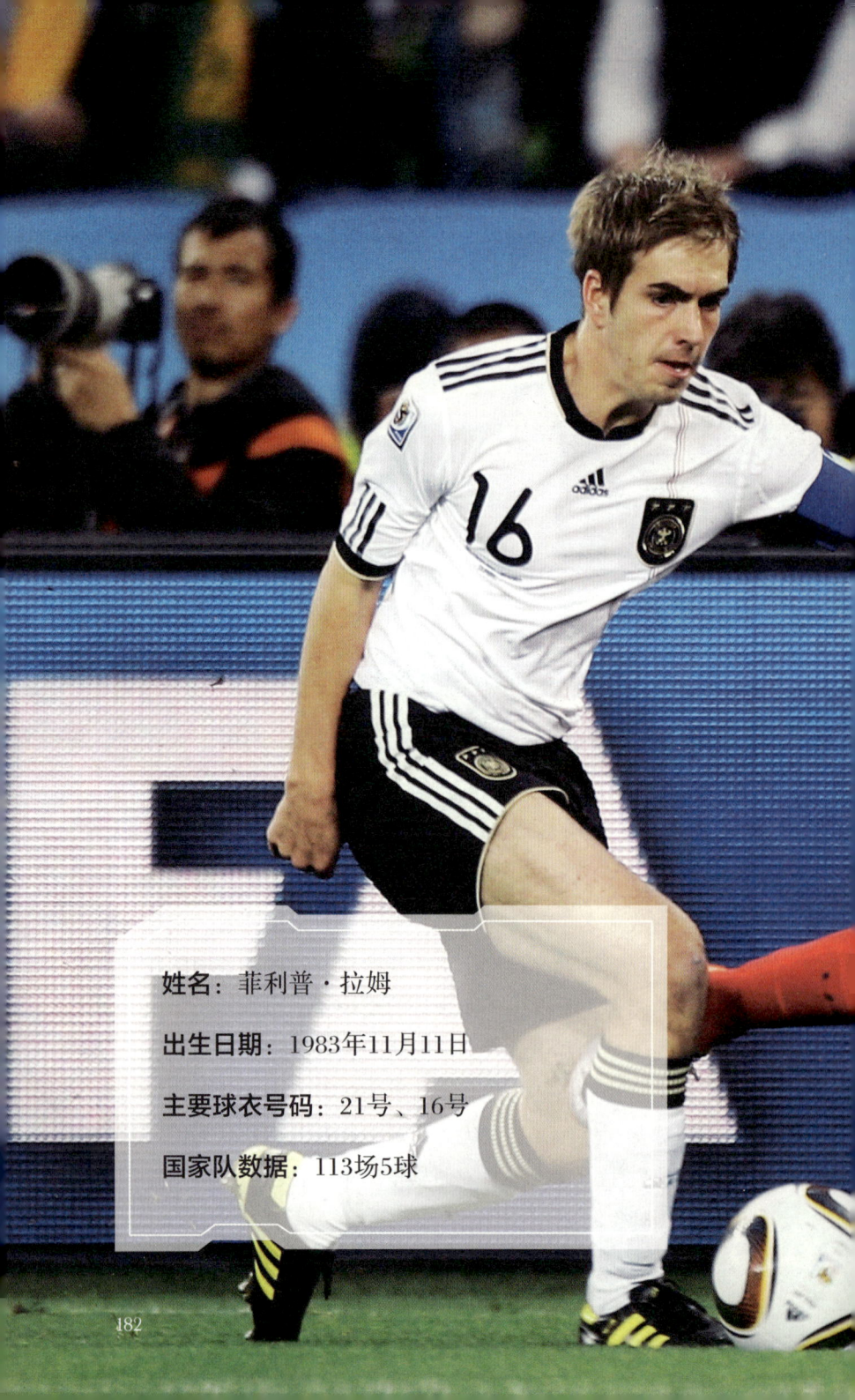

出生日期：1983年11月11日

主要球衣号码：21号、16号

国家队数据：113场5球

冠军队长

2006年世界杯，让拉姆这个小个子球员走进了世人的视线。2008年欧洲杯，拉姆的防守失误让西班牙队从他的身上叩开胜利之门，但这也让他从此变得更加成熟。技术精湛，左右皆能，甚至还可以客串后腰，拉姆在此后充分展现了自己强大的实力。随着德国队的愈发强大，拉姆终于在2014年世界杯实现了自己的梦想，那一刻他高高举起大力神杯，让德国队再一次站上了世界之巅。

姓名：巴斯蒂安·施魏因施泰格

出生日期：1984年8月1日

主要球衣号码：7号

国家队数据：121场24球

浴血"小猪"

因为名字太长,且"施魏因"(Schwein)在德语中就是"小猪"的意思,所以施魏因施泰格有了一个这样可爱的绰号,但"小猪"证明了自己可不只可爱。"小猪"的职业生涯从边路开始,在被改造为中场之后,他成为对球队更有帮助的球员。2014年世界杯决赛,"小猪"与对手奋力拼抢,脸部遭到击打,瞬间血流如注,但他用强大的意志力坚持作战,终于为德国队拿下了冠军。

姓名：米夏埃尔·巴拉克

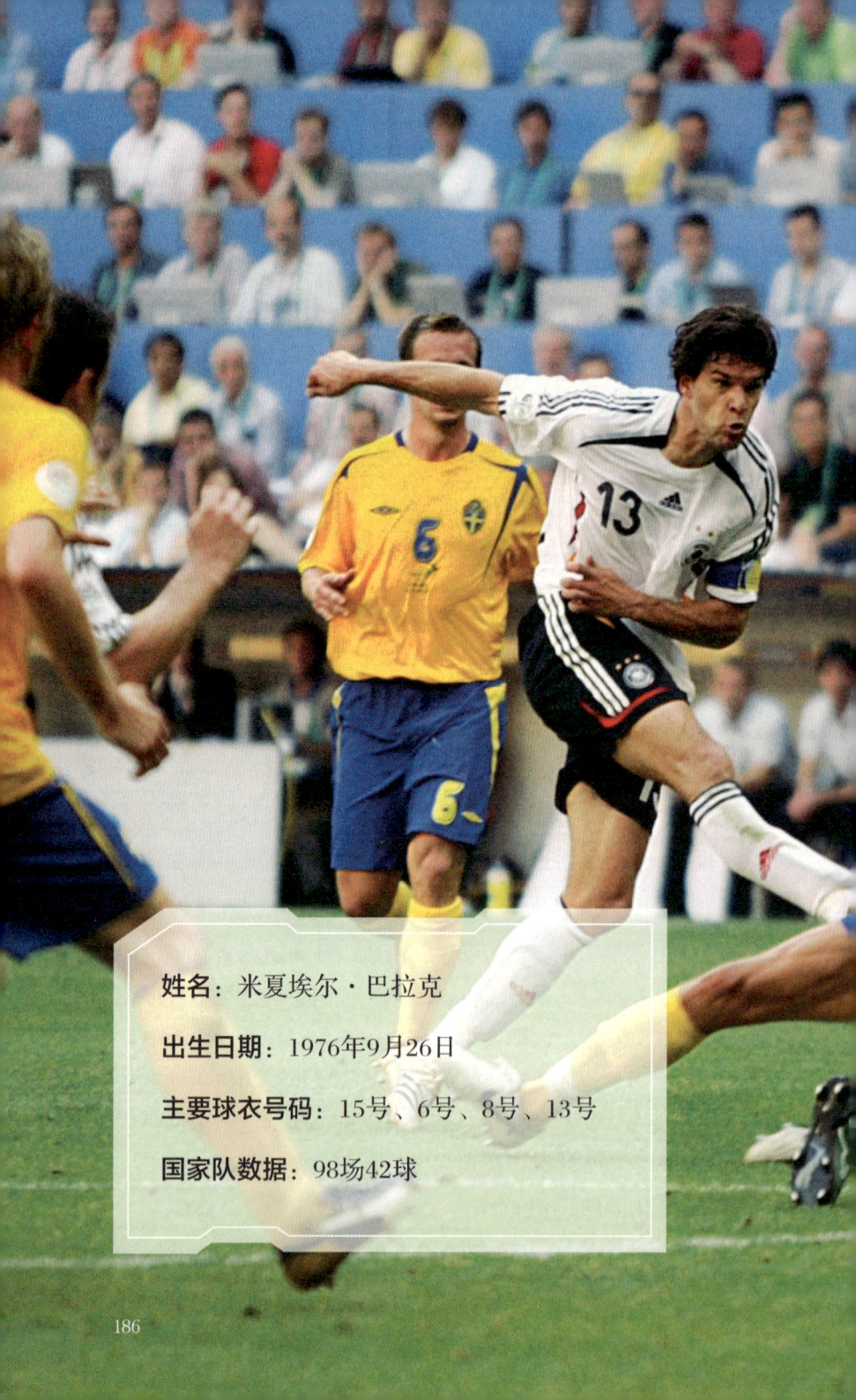

出生日期：1976年9月26日

主要球衣号码：15号、6号、8号、13号

国家队数据：98场42球

生不逢时的中场悍将

　　德国队从不缺少强悍的中场球员，但并不是每一个强悍的中场球员都能恰逢强大的德国队，巴拉克就是一个典型例子。2002年世界杯，年轻的巴拉克在自己的第一届世界杯上表现亮眼，但平庸的德国队在他遭遇停赛之后，不敌更为强大的巴西队。2006年世界杯，巴拉克的表现依然可圈可点，但德国队还是只能止步于半决赛。国家队的失意，让巴拉克只能在俱乐部尝试弥补，然而再多的俱乐部冠军奖杯，都敌不过历史车轮的印记，这是巴拉克一生的遗憾。

姓名：斯特凡·埃芬博格

出生日期：1968年8月2日

主要球衣号码：16号、15号、17号、20号

国家队数据：35场5球

"老虎"

如果球队中拥有一位像老虎一样充满力量、无比凶狠的球员,那就没有什么可担心的了,埃芬博格就是如此。因为其凶悍的长相、强壮的身体和强硬的防守表现,被称为"老虎"的埃芬博格让拜仁队添翼,帮助球队获得了2000—2001赛季的欧冠冠军。不过"老虎"不仅对对手凶狠,有时也会对自己人"呲牙",因为其过于直率的言论和行为,埃芬博格在1994年被德国队开除,直到1998年世界杯之后才在热身赛中重返德国队。这也反映了埃芬博格真实、不做作的性格特点。

姓名：托马斯·穆勒

出生日期：1989年9月13日

主要球衣号码：25号、13号

国家队数据：128场45球

朴实无华的顶级"僚机"

两届世界杯攻入10球，这就是托马斯·穆勒交出的成绩单，他的进球效率堪比顶级前锋，但托马斯·穆勒却并非前锋，他更像是前锋身后的一架"僚机"。敏锐的位置感让托马斯·穆勒总能出现在最关键的位置，出色的射门技巧让他总能捕捉到转瞬即逝的机会。无与伦比的比赛智商让托马斯·穆勒总能先人一步，因此他成为德国队和拜仁队不可或缺的一员。2010年世界杯的托马斯·穆勒还有些稚嫩，2014年世界杯的托马斯·穆勒已经足够成熟，在他的直接帮助下，德国队时隔24年再次登上王座。

姓名：曼努埃尔·诺伊尔

出生日期：1986年3月27日

主要球衣号码：12号、1号

国家队数据：117场

"门锋"

　　德国队的历史中不缺少优秀的门将,但像诺伊尔这样开创"门锋"先河的球员,仍在少数。作为一名守门员,诺伊尔不仅可以在禁区内完成最基本的扑救工作,还能扩大自己的防守面积,给对手带来更大的压迫感,更可贵的是,诺伊尔的脚下技术和对比赛的理解能力同样出众,这让他成为球队发起进攻的一部分。凭借诺伊尔这样的全面能力,球队获得冠军反倒成为顺理成章的事情。诺伊尔让鲜有变化的门将之位焕发新的生机,这是他被列入足坛史册的关键原因。

姓名：伊尔卡伊·京多安

出生日期：1990年10月24日

主要球衣号码：19号、2号、14号、7号、21号

国家队数据：75场18球

新时代的"巴拉克"

  作为一名中场球员，京多安的实力并不逊于同时期的德国队队友，这一点从他在俱乐部赛事的荣誉和表现就可以得到佐证，但京多安错过了那列属于德国队的"火车"。2014年世界杯，京多安因为受伤而缺席，错过了随德国队举起大力神杯的巅峰时刻。虽然京多安在此后成为德国队的常客，但球队失去了往日的风范，连续两届世界杯，德国队都未能从小组赛中出线。如果说巴拉克是生不逢时的典型例子，那么京多安的命运和巴拉克十分相似。

姓名：马里奥·格策

出生日期：1992年6月3日

主要球衣号码：19号、11号

国家队数据：66场17球

绝杀功臣

  2014年世界杯决赛，在比赛即将进入加时赛前，德国队主帅尤阿希姆·勒夫将格策替换上场，并在他耳边说道："上去，证明你比梅西更加优秀。"25分钟之后，格策为德国队打进了绝杀球，帮助德国队赢下了冠军奖杯。在那一刻，格策的确比梅西更加优秀，然而这一球也耗尽了格策此后的运气。加盟拜仁队，格策的表现不尽如人意，而且还身患怪病，常年无法保持竞技状态。德国队时隔24年夺得世界杯冠军，格策是最大的功臣，但他在采访中表示，自己更想在35岁时打进那一球，然后直接选择退役。

塞普·迈耶　　　　贝尔蒂·福格茨
　　　　　　　汉斯–格奥尔格·施瓦岑贝克

弗朗茨·贝肯鲍尔
　　　　　　　　　莱纳·邦霍夫

保罗·布莱特纳　　　沃尔夫冈·奥弗拉特

乌利·赫内斯　　　尤尔根·格拉波夫斯基

　　　　　　　盖德·穆勒
贝恩德·赫尔岑拜因

　　　　　　　　　尤尔根·克林斯曼
安德烈亚斯·布雷默
　　　　　　　　　鲁迪·沃勒尔

皮埃尔·利特巴尔斯基　　洛塔尔·马特乌斯

托马斯·哈斯勒　　托马斯·贝特霍尔德

于尔根·科勒尔　　吉多·布赫瓦尔德

克劳斯·奥根塔勒　　博多·伊尔格纳

斯特凡·罗伊特　　　　托尼·图雷克
　　　　　约瑟夫·波西帕尔
维尔纳·利布里希
　　　　　　　维尔纳·科尔迈耶

霍斯特·埃克尔　　　　卡尔·麦

马克斯·莫洛克　　　赫尔穆特·拉恩

　　　　　　　　　　　　　　　　　　　　　米夏埃尔·巴拉克

　　　　　弗里茨·瓦尔特　　　汉斯·舍费尔

　　　　　　　　　　　　　　　　　　　伯纳德·迪茨

威利巴尔德·克雷斯　　霍斯特·赫鲁贝施

　　　　　　　　　　霍斯特–迪特·霍特格斯

鲁迪·布伦嫩迈尔　　　　　　　马蒂亚斯·萨默尔

卡尔–海因茨·施内林格　　奥特马·瓦尔特

沃尔夫冈·罗尔夫　　　尤普·卡佩尔曼

　　　乌韦·席勒　　赫尔穆特·哈勒　　马尔科·博德

威利·舒尔茨　　费利克斯·马加特　　奥拉夫·马绍尔

　　赫伯特·维默尔　　弗朗茨·罗特　　维尔纳·奥尔克

　　鲁道夫·诺阿克　　　赫伯特·埃尔哈特

霍斯特·斯基马尼亚克　　赖因霍尔德·蒙岑伯格

　　　　　　　　　　　　　汉斯·蒂尔科夫斯基

海因茨·弗洛赫

　　　　　　　　　　　阿尔弗雷德·普法夫

埃德蒙德·柯南　　　康拉德·威瑟

　　　曼努埃尔·诺伊尔　　　奥利弗·卡恩

最佳阵容

主力阵容（"433"阵形）

门将：塞普·迈耶

后卫：保罗·布莱特纳、弗朗茨·贝肯鲍尔、于尔根·科勒尔、贝尔蒂·福格茨

中场：洛塔尔·马特乌斯、弗里茨·瓦尔特、冈特·内策尔

前锋：卡尔-海茵茨·鲁梅尼格、盖德·穆勒、赫尔穆特·拉恩

替补阵容（"433"阵形）

门将：曼努埃尔·诺伊尔

后卫：安德烈亚斯·布雷默、马蒂亚斯·萨默尔、卡尔-海因茨·弗斯特、菲利普·拉姆

中场：托尼·克罗斯、米夏埃尔·巴拉克、沃尔夫冈·奥弗拉特

前锋：乌韦·席勒、米洛斯拉夫·克洛泽、尤尔根·克林斯曼

注：以上阵容通过多方数据参考得出，具有主观性，仅供阅读。

历任主帅及战绩

姓名	国家/地区	上任时间	离任时间	执教总场数	执教胜场数	执教平局场数	执教负场数
尤利安·纳格尔斯曼	德国	2023年9月22日	–	4	1	1	2
鲁迪·沃勒尔	德国	2023年9月10日	2023年9月21日	1	1	–	–
汉斯–迪特·弗利克	德国	2021年8月1日	2023年9月10日	25	12	7	6
尤阿希姆·勒夫	德国	2006年7月12日	2021年7月31日	198	125	39	34
尤尔根·克林斯曼	德国	2004年7月26日	2006年7月11日	34	21	7	6
鲁迪·沃勒尔	德国	2000年7月1日	2004年6月24日	53	29	11	13
埃里希·里贝克	德国	1998年10月10日	2000年6月20日	24	10	6	8
贝尔蒂·福格茨	德国	1990年8月9日	1998年9月7日	102	67	23	12
弗朗茨·贝肯鲍尔	联邦德国	1984年9月12日	1990年7月8日	66	36	17	13
约普·德瓦尔	联邦德国	1978年7月1日	1984年6月20日	67	45	11	11
赫尔穆特·舍恩	联邦德国	1964年11月4日	1978年6月21日	139	87	30	22
塞普·赫尔贝格	联邦德国	1950年11月22日	1964年6月7日	97	52	14	31
塞普·赫尔贝格	德国	1936年11月2日	1942年11月22日	65	40	12	13
奥托·内尔茨	德国	1926年7月1日	1936年8月8日	70	42	10	18

注：1954—1990年仅包含联邦德国队数据。

历届大赛成绩

时间	赛事名称	举办地	最终排名	备注
1930年	世界杯	乌拉圭	-	未晋级决赛圈
1934年	世界杯	意大利	季军	
1938年	世界杯	法国	第10名	1/8决赛出局
1950年	世界杯	巴西	-	遭国际足联禁赛
1954年	世界杯	瑞士	冠军	
1958年	世界杯	瑞典	第4名	
1960年	欧洲杯	法国	-	未晋级决赛圈
1962年	世界杯	智利	第7名	1/4决赛出局
1964年	欧洲杯	西班牙	-	未晋级决赛圈
1966年	世界杯	英格兰	亚军	
1968年	欧洲杯	意大利	-	未晋级决赛圈
1970年	世界杯	墨西哥	季军	
1972年	欧洲杯	比利时	冠军	
1974年	世界杯	联邦德国	冠军	
1976年	欧洲杯	南斯拉夫	亚军	
1978年	世界杯	阿根廷	第6名	小组赛第二阶段出局
1980年	欧洲杯	意大利	冠军	
1982年	世界杯	西班牙	亚军	
1984年	欧洲杯	法国	第5名	小组赛出局
1986年	世界杯	墨西哥	亚军	
1988年	欧洲杯	联邦德国	季军	
1990年	世界杯	意大利	冠军	

续表

时间	赛事名称	举办地	最终排名	备注
1992年	欧洲杯	瑞典	亚军	
1994年	世界杯	美国	第5名	1/4决赛出局
1996年	欧洲杯	英格兰	冠军	
1998年	世界杯	法国	第7名	1/4决赛出局
2000年	欧洲杯	荷兰、比利时	第15名	小组赛出局
2002年	世界杯	韩国、日本	亚军	
2004年	欧洲杯	葡萄牙	第12名	小组赛出局
2005年	联合会杯	德国	季军	
2006年	世界杯	德国	季军	
2008年	欧洲杯	奥地利、瑞士	亚军	
2010年	世界杯	南非	季军	
2012年	欧洲杯	波兰、乌克兰	季军	
2014年	世界杯	巴西	冠军	
2016年	欧洲杯	法国	第4名	
2017年	联合会杯	俄罗斯	冠军	
2018年	世界杯	俄罗斯	第22名	小组赛出局
2018—2019赛季	欧洲国家联赛	-	第11名	小组排名第3
2020*	欧洲杯	无主办国巡回赛	第15名	1/8决赛出局
2020—2021赛季	欧洲国家联赛	-	第8名	小组排名第2
2022年	世界杯	卡塔尔	第17名	小组赛出局
2022—2023赛季	欧洲国家联赛	-	第10名	小组排名第3

注：1.2020欧洲杯在2021年举行，官方仍将其称为2020欧洲杯。
    2.1954—1990年仅包含联邦德国队成绩。

历史出场榜

排名	姓名	出场数
1	洛塔尔·马特乌斯	150
2	米洛斯拉夫·克洛泽	137
3	卢卡斯·波多尔斯基*	130
4	托马斯·穆勒*	126
5	巴斯蒂安·施魏因施泰格	121
6	曼努埃尔·诺伊尔*	117
7	菲利普·拉姆	113
8	尤尔根·克林斯曼	108
9	托尼·克罗斯*	106
10	于尔根·科勒尔	105
11	佩尔·默特萨克	104
12	弗朗茨·贝肯鲍尔	103
13	托马斯·哈斯勒	101
14	米夏埃尔·巴拉克	98
15	贝尔蒂·福格茨	96
16	卡尔-海茵茨·鲁梅尼格	95
16	塞普·迈耶	95
18	梅苏特·厄齐尔	92
19	鲁迪·沃勒尔	90
20	安德烈亚斯·布雷默	86
20	奥利弗·卡恩	86

注：1.标注*的为现役球员，本榜单仅取前20名。
2.本榜单数据仅包含联邦德国队。

历史进球榜

排名	姓名	进球数
1	米洛斯拉夫·克洛泽	71
2	盖德·穆勒	68
3	卢卡斯·波多尔斯基*	49
4	鲁迪·沃勒尔	47
4	尤尔根·克林斯曼	47
6	卡尔-海茵茨·鲁梅尼格	45
6	托马斯·穆勒*	45
8	乌韦·席勒	43
9	米夏埃尔·巴拉克	42
10	奥利弗·比埃尔霍夫	37
11	弗里茨·瓦尔特	33
12	克劳斯·菲舍尔	32
13	恩斯特·莱纳	31
13	马里奥·戈麦斯	31
15	安德烈斯·穆勒	29
16	埃德蒙德·柯南	27
17	蒂莫·维尔纳*	24
17	巴斯蒂安·施魏因施泰格	24
17	理查德·霍夫曼	24
20	梅苏特·厄齐尔	23
20	洛塔尔·马特乌斯	23

注：1.标注*的为现役球员，本榜单仅取前20名。
　　2.本榜单数据仅包含联邦德国队。
　　3.本书所有数据截至2024年4月30日。

图书在版编目（CIP）数据

德国队 / 流年编著 . -- 北京：北京时代华文书局 ,2024.5
ISBN 978-7-5699-5461-6

Ⅰ.①德… Ⅱ.①流… Ⅲ.①足球运动－体育运动史－德国 Ⅳ.① G843.951.6

中国国家版本馆 CIP 数据核字 (2024) 第 075875 号

DEGUODUI

出 版 人：	陈 涛
选题策划：	董振伟　直笔体育
责任编辑：	马彰羚
执行编辑：	孙沛源
装帧设计：	严 一　弓伟龙
责任印制：	訾 敬

出版发行：北京时代华文书局 http://www.bjsdsj.com.cn
　　　　　北京市东城区安定门外大街 138 号皇城国际大厦 A 座 8 层
　　　　　邮编：100011　电话：010-64263661　64261528

印　　刷：河北京平诚乾印刷有限公司
开　　本：880 mm×1230 mm　1/32　　成品尺寸：145 mm×210 mm
印　　张：6.5　　　　　　　　　　　　字　　数：129 千字
版　　次：2024 年 5 月第 1 版　　　　 印　　次：2024 年 5 月第 1 次印刷
定　　价：68.00 元

本书图片由视觉中国提供。
版权所有，侵权必究
本书如有印刷、装订等质量问题，本社负责调换，电话：010-64267955。